主　编　王大翠

副主编　宋正海

主　审　杨永洲

参　编　王　铁　许卫平
　　　　许阳春　向启传
　　　　张　平　秦东山
　　　　韩宇宙

中等职业教育国家级
示范学校特色教材

中职数学

教学做一体化教程

华中科技大学出版社
http://www.hustp.com
中国·武汉

内 容 简 介

本书以创建"国家中等职业教育改革发展示范学校"的精神为指导,以促进学校内涵发展、加速专业建设、推动课程体系改革为目的,根据《中等职业学校数学教学大纲》与数学课程标准及职业教育改革发展纲要的要求而编写。主要内容包括:不等式、方程、集合、函数、三角函数、常用数学知识、生活数学、数列、函数建模、几何识图、概率、统计、趣味数学。

本教材紧密联系中等职业学校学生的实际认知水平,所选知识内容与生活、社会紧密联系,充分体现了学生学得会、教师教得了、走入社会用得着的教学主旨。本教材以案例的形式呈现知识,具有明显的教学目标性、实用性、通俗性、趣味性及知识与能力形成的过程性,学生训练贯穿整个教与学的过程之中。

本教材融教材、教案与学案于一体。

本教材可供中等职业学校的教师和学生使用。

图书在版编目(CIP)数据

中职数学 教学做一体化教程/王大翠 主编.—武汉:华中科技大学出版社,2013.8
中等职业教育国家级示范学校特色教材
ISBN 978-7-5609-9301-0

Ⅰ.①中… Ⅱ.①王… Ⅲ.①数学课-中等专业学校-教材 Ⅳ.①G634.601

中国版本图书馆 CIP 数据核字(2013)第 193528 号

中职数学 教学做一体化教程 王大翠 主编

策划编辑:王红梅
责任编辑:王红梅
封面设计:三 禾
责任校对:刘 竣
责任监印:周治超
出版发行:华中科技大学出版社(中国·武汉)
　　　　　武昌喻家山 邮编:430074 电话:(027)81321913
录 排:武汉楷轩图文
印 刷:武汉科源印刷设计有限公司
开 本:787mm×1092mm 1/16
印 张:13
字 数:326 千字
版 次:2019 年 1 月第 1 版第 7 次印刷
定 价:29.80 元

序言

　　"课难上，生难管"，这是中等职业学校面临的共同难题。究其原因，其中很重要的因素在于现行的中职教育教学目标过高，教材难度较大，学科化味道较浓，与企业对相应岗位的要求差距较大，与学生的学习水平不符。因此，创新职业教育教学模式和课程、教材体系，推进教学改革和教材建设，已成为摆在职业教育工作者面前的一项紧迫而又艰巨的任务。

　　湖北省秭归县职业教育中心以创建"中等职业教育改革发展国家级示范学校"为契机，围绕党的十八大提出的"加快发展现代职业教育"的宏伟战略目标，立足学生实际，着眼学生发展，强力推进课程改革，精心组织、编写了一批满足当地经济社会发展要求、反映本校教学特色和教学改革创新成果的教材。

　　这套教材的编写体现了这样的思路：符合学生认知规律和技能养成规律，体现以能力为本位、以应用为主线的教学设计要求。推行"大课程"制，将相近或相关学科整合成一门学科，避免相近学科知识传授的重复，实现模块化教学管理。在专业课程的理论知识方面，注重常识、流程、操作规范等的教学，减少在原理上的纠缠，不要求学科体系上的完美；在技能操作方面注重适应企业对岗位的要求。文化素养类的课程注重服务学生的终身发展、服从学生的专业成长。

阅读完部分书稿，我欣喜地发现本套教材具备如下特点。

第一，做到"教本、教案、学案"三位一体。为了把课程体系改革效益最大化，独创了教学工作页。工作页集教材、教案、学案于一身，基于学习和工作流程设计，能引导学生自主学习，保持学生的学习热情，提高教师的备课效率。这一设计以人为本，减轻了师生负担。

第二，做到"教、学、做"一体化。理论与实践相结合，教师边教边做，学生手脑并用，在学中做，在做中学，体现了"教、学、做合一"的教育思想，突出了教师的主导作用与学生的主体地位。

第三，体现"够用、实用、适用"的编写思想。坚持职业教育改革的发展方向，反映了编撰者较高的现代教育理论修养和创新精神。体系简洁，活泼自然。在教学内容上注重学生的学力水平，力求引进新工艺、新技术、新材料，吸引学生回归课堂，积极参与教学活动。

第四，坚持"教得了、用得着、学得会"的原则。坚持理论够用、技能实用，采用"归、并、删、降、加"的办法进行整合处理，内容贴近学生实际生活及职场需求，安排符合逻辑，不仅有利于教师组织教学，也方便学生自学，操作性强，达到了精选内容、把教材变薄的效果。

"职业教育是一项事业，事业的意义在于奉献；职业教育是一门科学，科学的价值在于求真；职业教育是一门艺术，艺术的活力在于创新。"秭归县职业教育中心的老师们勇于实践、大胆创新，群策群力，用心血、智慧编撰的这套教材，传递了职业教育教学改革的正能量，对于改变宜昌市中等职业教育教学现状、深入推进宜昌市中等职业教育教学改革创新，将起到良好的示范、引领、带动作用。

石希峰

2013 年 7 月

前 言

数学是研究空间形式和数量关系的科学，是人类文化的重要组成部分。数学课程是中等职业学校学生必修的一门公共基础课。本课程的任务是使学生掌握必要的数学基础知识，为学习专业知识、掌握职业技能、继续学习和终身发展奠定基础。

本书主要体现以下特色。

新颖性：本套教材根据中职学生实际，注重情感互动，融"教材、教案、学案"三位于一体，力求增强学生学习兴趣，体现"让老师教得了、学生学得会、学生将来走上工作岗位用得着"的原则，既可以减轻老师的负担，又能让学生学有所获。

基础性：我们在教材中注重选取对中职学生学习相关知识和在今后生活、生产、工作中有益的最基础、最实用的内容，不追求学科体系的完整性。弱化理论推导，强化感性认识，将学习过程与学生的智力发展联系起来，选择合适的知识内容让学生更容易掌握。

科学性：教材在衔接初中数学内容的基础上，拓展了数学的新知识、新思想、新方法。对空间形式和数量关系的阐述，力求体系简洁、体例活泼自然，努力吸引学生回归课堂，积极参与教学活动。着力培养学生的观察能力、空间想象能力、分析与解决问题的能力、数学思维能力。

技能与能力培养要求（分为三项技能与四项能力）：

计算技能：根据法则、公式，或按照一定的操作步骤，正确地进行运算求解。

计算工具使用技能：正确使用科学型计算器及常用的数学工具软件。

数据处理技能：按要求对数据（数据表格）进行处理并提取有关信息。

观察能力：根据数据趋势、数量关系或图形、图示，描述其规律。

空间想象能力：依据文字、语言描述，或较简单的几何体及其组合，想象相应的空间图形；能够在基本图形中找出基本元素及其位置关系，或根据条件画出图形。

分析与解决问题能力：能对工作和生活中的简单数学相关问题，作出分析并运用适当的数学方法予以解决。

数学思维能力：依据所学的数学知识，运用类比、归纳、综合等方法，对数学及其应用问题能进行有条理的思考、判断、推理和求解；针对不同的问题，会选择合适的模型。

展现数学的概念和结论的形成过程，体现从具体到抽象、特殊到一般的原则，但弱化了理论推演。利用多种形式，图文并茂、生动有趣地呈现知识素材。内容的表述深入浅出、通俗易懂，具有科学性与可读性。

我们考虑不同地区、不同专业的需要，在合理安排数学课程内容的基础上，给地方、学校和教师留有开发的余地，也为学生留有选择的空间，以满足不同学生群体学习和发展的需要，帮助学生巩固、反思、检测学习效果。

趣味性：我们选取了部分在日常生活中常见的趣味数学题，用以激发学生的学习兴趣，了解数学在社会生活和生产中的应用，提供具有探究性且在学生现有的知识水平基础上能解决的问题。创造贴近学生实际且生动有趣的问题情境，利用学生平时遇到的图形、物体或者问题，组织开展生动、活泼、有效的数学教学活动，培养学生主动参与、勤于动手、善于思考的能力。注重学生探索与教师点拨相结合，师生相互交流、相互启发、相互补充，在"做数学"中让学生亲身体验数学知识的形成过程，使学生逐步在探索中经历由不明白到明白、由不清楚到清楚的过程，从而感悟数学的思想方法，使学生对数学产生一定的兴趣，增强学好数学的自信心。

实用性：我们坚持以"学生为主体、教师为主导"的教学基本原则，以培养学生基本的运算能力、逻辑推理能力、空间想象能力及运用数学知识解决实际问题的能力为教学目的，以掌握概念、强化应用、培养技能为教学重点，注重加强与专业课、实际应用联系较多的基础知识和基本方法的教学。本着从实际出发，使学生初步体验到数学的学习是一个充满观察、实验、归纳、类比和猜测的探索过程。因此，每个章节，我们配备了"案例赏析"、"钩玄提要"、"学以致用"、"知识宝库"、"牛刀小试"、"初露锋芒"、"百炼成钢"，以及"趣味阅读"。

本书的内容有：不等式、方程、集合、函数、三角函数、概率、数列、统计、几何识图、数学常识。完成本书教学约需 64 个学时。另安排了 8 个趣味数学问题，供同学们学习思考。

学时分配表

项目	内容	学时	项目	内容	学时
项目一	不等式	3	项目八	数列	8
项目二	方程	3	项目九	函数建模	8
项目三	集合	4	项目十	几何识图	8
项目四	函数	3	项目十一	概率	4
项目五	三角函数	4	项目十二	统计	8
项目六	常用数学知识	2	*项目十三	趣味数学	8
项目七	生活数学	9			

本教材的编写人员有：许卫平、许阳春、宋正海、向启传、张平、秦东山、王铁、韩宇宙、王大翠。其中许卫平老师编写项目一、二、六，许阳春老师编写项目九，宋正海老师编写项目七，向启传老师编写项目十三，张平老师编写项目十二，秦东山老师编写项目十，王铁老师编写项目三、四，韩宇宙老师编写项目五、十一，王大翠老师编写项目八。

本套教材在编写的过程中，参考了现行中职教材的各个版本，得到了多位数学专家的帮助和指点，也得到了编者所在学校领导的大力支持，特别是省中职学校数学教研中心组组长、武汉市第二轻工业学校杨永洲老师对本套教材作了认真细致的审阅，提出了许多宝贵的修改意见，在此，我们致以衷心的感谢！

由于时间仓促，编写水平有限，教材中难免有错误或不妥之处，诚恳地希望读者提出宝贵的意见与建议。我们致以衷心的感谢！

编　者

2013 年 5 月

目 录

項目一

不 等 式

　　生活中存在着许多大与小、多与少、_____、_____、
_____等数量关系,从本章开始,我们一起去探寻事物之间的
不等奥秘,揭示数量间不等关系的普遍规律。

1.1　不等式的性质

 **有的放矢**

本节重点学习实数大小比较的方法[掌握]、不等式的基本性质[应用]。要求同学们在 1 学时内完成。

 案例赏析

首先学习比较实数大小的方法。

（1）在去年秋季校运会男子 100 m 短跑中，王强跑了 12′47″，李明跑了 12′56″，两人均进入前六名而获了奖。这两位同学谁跑得快？

回答：通常利用比较这两数（时间）的差的符号来确定它们的大小。

比较：_____。

结论：_____。

钩玄提要

从以上两例可以看出，比较两个数大小的方法是

_____。

（2）将两个同样大小的苹果各等分成五块，一个被吃了两块，另一个被吃了三块，哪个苹果剩下的多？若将两个同样大小的苹果一个切成三等份，另一个切成五等份，两个各被吃了一份，哪个剩下的多？

解　第一问是比较 3/5 与 2/5 的大小，有

$3/5 - 2/5 =$ _____ $=$ _____ 0

比较得数与 0 的大小关系，得出结论 3/5 ____ 2/5。

第二问是比较 1/3 与 4/5 的大小，有

$2/3 - 4/5 =$ _____ $=$ _____ 0

比较得数与 0 大小关系，得出结论 2/3 ____ 4/5。

 学以致用

比较下列各对实数的大小。

① $\dfrac{3}{7}$ 与 $\dfrac{4}{9}$　　　　　　　② $1\dfrac{2}{5}$ 与 1.43

 **知识宝库**

比较实数大小的方法:对于任意的实数 a 和 b,有

$$a - b > 0 \Leftrightarrow a \underline{\quad} b$$
$$a - b = 0 \Leftrightarrow a \underline{\quad} b$$
$$a - b < 0 \Leftrightarrow a \underline{\quad} b$$

因此,比较两个实数的大小,只需要比较它们的差即可,即作差法。

再来学习不等式的基本性质。

性质 1:如果 $a > b$ 且 $b > c$,那么 $a > c$。

证明
$$a > b \Rightarrow a - b \underline{\quad} 0$$
$$b > c \Rightarrow b - c \underline{\quad} 0$$

于是
$$a - c = (a - b) + (b - c) \underline{\quad} 0$$

因此
$$a \underline{\quad} c$$

性质 1 称为不等式的传递性质。

性质 2:如果 $a > b$,那么 $a + c > b + c$。

性质 2 称为不等式的加法性质:不等式两边同时加(或减)同一个数,不等号的方向不变。

性质 3:如果 $a > b, c > 0$ 那么 $ac > bc$;如果 $a > b, c < 0$,那么 $ac < bc$。

性质 3 表明,不等式两边同时乘以(或除以)一个正数,不等号的方向不变;不等式的两边同时乘以(或除以)一个负数,不等号的方向改变。

 **学以致用**

(1) 按照性质 1 的证明要求,你能证明性质 2 和性质 3 吗?

(2) 用符号">"或"<"填空。

① 若 $a > b$,则 $a - 2 \underline{\quad} b - 2$。

② 若 $a > b$,则 $4a \underline{\quad} 4b, -4a \underline{\quad} -4b$。

③ 若 $a < b$,则 $3 - 2a \underline{\quad} 3 - 2b$。

 **小试牛刀**

① 设 $3x > 8$,则 $x > \underline{\quad}$。

② 设 $2 - 3x < -7$,则 $x > \underline{\quad}$。

③ 已知 $a > b, c > d$,求证 $a + c > b + d$。

证明

初露锋芒

(1) 用 ">"、"<" 填空：$\dfrac{6}{7}$ ____ $\dfrac{7}{8}$，$\dfrac{7\pi}{7}$ ____ $\dfrac{7\pi}{8}$。

(2) 设 a,b 为两个不相等的实数，判断 $ab - a^2$ 与 $b^2 - ab$ 的大小。

 **百炼成钢**

(1) 已知 $a > c$，比较 $a + b$ 和 $b + c$ 的大小。

(2) 比较 $3x + 5$ 与 $3x + 2$ 的大小。

(3) 如果 $2x + 1 > 3x - 1$，$a > 0$，那么 $a(2x + 1) > a(3x - 1)$ 成立吗？说明理由。

1.2 一元一次不等式

 有的放矢

本节我们来探讨：什么是一元一次不等式[了解]，怎样来解一元一次不等式，以及如何来解决现实中的实际问题[掌握]。要求同学们在 1 学时内完成。

 案例赏析

钩玄提要

以上不等式即为一元一次不等式，观察的三个方面即为判别一元一次不等式的方法。

观察下列不等式，说说它们有何共同点？

① $2x - 2.5 > 5$

② $3x < 9$

③ $4x + 8 \leqslant 12$

观察: 未知数个数

_____。

未知数次数

_____。

不等式两边都是

_____。

 学以致用

下列各式中哪些是一元一次不等式?并说明理由。

① $2x - 5 > 3x + 1$ ② $\dfrac{2x}{5} > \dfrac{x+1}{3}$

解   解

③ $2(x + 3) < x - 6$ ④ $2x > 6$

解   解

 **知识宝库**

一元一次不等式的概念:不等式两边都是整式,只含一个未知数,且未知数的次数是1,这样的不等式称为一元一次不等式。

 **案例赏析**

解不等式 $\dfrac{2x+3}{5} > \dfrac{x-1}{2} + 1$。

解   去分母,得

$$2(2x + 3) > 5(x - 1) + 10$$

去括号,得 $4x + 6 > 5x - 5 + 10$

移项,得 $4x - 5x > -6 - 5 + 10$

合并同类项,得

$$-x > -1$$

系数化为1,得

$$x < 1$$

 **学以致用**

解下列不等式。

① $2x > 6$ ② $3x + 4 < 16$

解   解

③ $2x + 5 < 5x - 7$ ④ $\dfrac{4x}{5} < \dfrac{6x+7}{8}$

解   解

 **知识宝库**

解不等式的一般方法:去分母,去括号,移项,合并同类项,系数化为1。

 案例赏析

某人花每斤 0.6 元购进一批土豆,因某种原因而损失 10%,问他至少要以多少钱一斤卖出才不会亏损?

解   设他购进土豆 a 斤,以每斤 x 元卖出,由题意可得
$$a \times (1 - 10\%)x \geqslant 0.6a$$
解之得 $x \geqslant 0.67$

答:他至少要以每斤 0.67 元卖出才不会亏损。

 学以致用

甲以每小时 4 公里的速度从家中向学校出发,一小时后乙也从同一家中出发,问乙至少要以多大的速度行进才能在两小时赶上甲?

解

 小试牛刀

解下列不等式。

① $2x + 3 > 5$ ② $3x + 6 < 2x + 10$

解   解

初露锋芒

解下列不等式。

① $\dfrac{4x-6}{3} > 8$

解

② $3x+5 > 2x-3$

解

 **百炼成钢**

(1) 解下列不等式。

① $14-2x < x+5$

解

② $3(3x-2)-2(4x+4) < x-3(x-5)$

解

③ $\dfrac{2x}{3}+1 > 3$

解

(2) 张兵以每条 40 元购进 100 条裤子,应缴纳税为销售额的 10%,那他至少每条要以多少钱卖出赚的钱才不会少于 500 元?

解

1.3　一元一次不等式组

 **有的放矢**

本节要求能判别一元一次不等式组[了解],会求它的解集[掌握]。要求同学们在 1 学时内完成。

 **案例赏析**

下列不等式组中,哪些属于一元一次不等式组,并说明理由。

① $\begin{cases} 3x-1 < 5 \\ \dfrac{x+2}{3} < x+2 \end{cases}$

② $\begin{cases} 2x-4 > 5y+2 \\ 6x+1 > 7 \end{cases}$

钩玄提要

实际上,案例已从概念的角度说明什么是一元一次不等式组,你明白了吗?试着归纳一下,并试着列举出两个例子。

③ $\begin{cases} 2x^2 + 6 < 16 \\ x + 3 > 5 \end{cases}$　　　　④ $\begin{cases} y + 2 > 8 \\ 2y - 7 < 17 \end{cases}$

解 ① _____ 属于一元一次不等式组。

理由_____。

② _____ 属于一元一次不等式组。

理由_____。

③ _____ 属于一元一次不等式组。

理由_____。

④ _____ 属于一元一次不等式组。

理由_____。

 **知识宝库**

一元一次不等式的概念:含有相同未知数的几个一元一次不等式所组成的不等式组。

 案例赏析

钩玄提要

上述案例实际上代表了求不等式组解集中可能出现的四种不同的情况,由此,你能归纳出什么是不等式的解集,以及如何确定不等式组的解集吗?

不等式组解集的概念:

确定不等式组解集的规律:

解不等式组　　　$\begin{cases} 2x + 1 < -1 & \text{(1-1)} \\ x + 3 > 7 & \text{(1-2)} \end{cases}$

解 解不等式(1-1)得

$$x < -1 \qquad \text{(1-3)}$$

解不等式(1-2)得

$$x > 4 \qquad \text{(1-4)}$$

由式(1-3)、式(1-4)的解集可知无公共部分,故该不等式组无解。

 学以致用

解下列不等式组。

① $\begin{cases} \dfrac{x + 1}{2} > 2 \\ 2x - 1 > 1 \end{cases}$　　　　② $\begin{cases} 3x - 2 > 3 \\ 2x - 3 < 2 \end{cases}$

解　　　　　　　　　　　　**解**

 **知识宝库**

（1）不等式的解集：不等式组中各不等式的解集的公共部分称为这个不等式组的解集。

（2）不等式组解集的确定：① 同大取大；② 同小取小；③ 大小小大取中间；④ 大大小小无解。

 **小试牛刀**

解下列不等式组。

① $\begin{cases} 2x > 8 \\ x > 6 \end{cases}$

解

② $\begin{cases} x - 6 < 4 \\ x + 2 > 3 \end{cases}$

解

 初露锋芒

解下列不等式组。

① $\begin{cases} \dfrac{2x-4}{2} > 4 \\ \dfrac{x+6}{3} > 5 \end{cases}$

解

② $\begin{cases} y - 6 < 2 \\ y + 3 > 2y - 2 \end{cases}$

解

 **百炼成钢**

解下列不等式组。

① $\begin{cases} \dfrac{1}{2}x - \dfrac{2}{3} \leqslant \dfrac{1}{3} \\ 2x \leqslant 5x + 20 \end{cases}$

解

② $\begin{cases} 6x + 1 \geqslant 8x + 6 \\ \dfrac{2x-1}{5} > x - 1 \end{cases}$

解

③ $-5 < 2 - 3x \leqslant 13$

解

 趣味阅读

不 等 式

海滩上有一堆桃子，是两只猴子的共有财产。猴子虽然性急，但也很正直。第一只猴子来到海滩后，想要取走自己的一份，便把桃子均分为两堆，发现还多一个，便把多余的一个扔进大海，取走了自己应得的一份。第二只猴子来到海滩后，也想取走自己的一份，但猴子总归是猴子，它无法知道伙伴已取走一份，于是第二只猴子又把桃子均分为两堆，发现还多一个，便把多余的一个扔进大海，取走自己应得的一份。如果原有的桃子数不少于100，那么第一只猴子至少可以取走几个桃子？

请写出计算过程。

项目二

方　程

　　现实世界中存在着大量的数量关系,有些数量关系比较明显,而有些数量关系则需费一番周折才能显现出来。对于后者,引入方程来解决,则容易和方便多了。因此,方程是研究和解决现实世界中数量关系的重要工具。

2.1 一元一次方程

 **有的放矢**

本节重点是能识别一元一次方程[掌握]，会求它的解[应用]。要求同学们在 1 学时内完成。

 案例赏析

钩玄提要

上述问题是从概念的角度来考查方程和一元一次方程，注意从"未知数"、"等式"、"未知数个数及次数"等方面来分析。

观察下列几个式子，然后回答相应问题。

① $2x-7$ ② $3+3x=9$ ③ $4x-3=x+1$

④ $6-2=4$ ⑤ $x+5=y-1$ ⑥ $a-4=8$

⑦ $\dfrac{x}{2}-xy=3$ ⑧ $x^2-4=0$ ⑨ x^2-2x+4

(1) 上述式子中属于方程的有

_____。

(2) 上述式子中属于一元一次方程的有

_____。

(3) 上述式子中有的不是方程，原因是

_____

通过完成上题，请试着归纳以下概念。

(1) 方程：

_____。

(2) 一元一次方程：

_____。

(3) 结合现实生活，写出 2～3 个一元一次方程的式子。

 **知识宝库**

方程的概念：含有未知数的等式称为方程。

一元一次方程的概念：只含有一个未知数，并且未知数的次数是 1 的整式方程，它的一般式为

$$ax+b=0 \quad (a\neq 0)$$

 **案例赏析**

解方程 $\frac{3}{2}(x-1) = 4(x-8) + 3$。

解 去分母,得

$$3(x-1) = 8(x-8) + 6$$

去括号,得　　　　　$3x - 3 = 8x - 64 + 6$

移项,得　　　　　$3x - 8x = -64 + 6 + 3$

合并同类项,得

$$-5x = -55$$

两边都除以 -5,得

$$x = 11$$

 **学以致用**

解下列方程。

① $2x + 4 = 3x - 2$　　　　　② $\frac{3}{2}(y-2) = 3(y-3) + 2$

解　　　　　　　　　　　　　**解**

 **知识宝库**

解一元一次方程的基本步骤:去分母 → 去括号 → 移项 → 合并同类项 → 将系数化1。

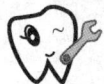 **小试牛刀**

解下列方程。

① $4x + 5 = 9$　　　　　　　　② $2x + 3 = 3x - 4$

解　　　　　　　　　　　　　**解**

③ $2(x+1) = 3(x+1) - 4$

解

初露锋芒

解下列方程。

① $\dfrac{x}{3} + 2 = 4$

解

② $\dfrac{x}{2} + 3 = 4x - 2$

解

③ $\dfrac{2x}{3} - 1 = 4(x - 2)$

解

 百炼成钢

解下列方程。

① $5x - 5 = 2x + 6$

解

② $2(2x - 3) = 6$

解

③ $3(x + 2) = 8 - (3 - x)$

解

④ $\dfrac{3x - 1}{4} = 6$

解

2.2 一元二次方程

 **有的放矢**

本节重点是能识别一元二次方程[理解],学会用公式法、配方法、因式分解法来解一元二次方程[掌握与应用]。要求同学们在一个学时内完成。

案例赏析

判断下列方程是否属于一元二次方程,并说明理由。

① $x^2 + 2 = 4$ ② $x^2 + y = 4$
③ $3x + x^2 - 8 = 0$ ④ $x^2 + x^3 = -4$
⑤ $x^2 + 2xy + y^2 = 0$ ⑥ $-2x^2 + 3x + 4 = 0$

解　①＿＿＿＿,理由＿＿＿＿＿＿＿＿＿＿＿＿＿＿＿＿＿＿＿＿＿＿。
② ＿＿＿＿,理由＿＿＿＿＿＿＿＿＿＿＿＿＿＿＿＿＿＿＿＿＿＿。
③ ＿＿＿＿,理由＿＿＿＿＿＿＿＿＿＿＿＿＿＿＿＿＿＿＿＿＿＿。
④ ＿＿＿＿,理由＿＿＿＿＿＿＿＿＿＿＿＿＿＿＿＿＿＿＿＿＿＿。
⑤ ＿＿＿＿,理由＿＿＿＿＿＿＿＿＿＿＿＿＿＿＿＿＿＿＿＿＿＿。
⑥ ＿＿＿＿,理由＿＿＿＿＿＿＿＿＿＿＿＿＿＿＿＿＿＿＿＿＿＿。

钩玄提要

判断该题的关键在于一元、二次这四个字,一元二次方程的一般式为
$$ax^2 + bx + c = 0 \quad (a \neq 0)$$

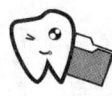 **知识宝库**

对于方程 $ax^2 + bx + c = 0 \quad (a \neq 0)$,有
(1) 求根公式为
$$x = \frac{-b \pm \sqrt{b^2 - 4ac}}{2a}$$

 **学以致用**

结合生活实践,写出 $2 \sim 3$ 个一元二次方程。

(2) 根的判别式为 $\Delta = b^2 - 4ac$,有
① 当 $\Delta > 0$ 时,一元二次方程有两个不相等的实数根;
② 当 $\Delta = 0$ 时,一元二次方程有两个相等的实数根;
③ 当 $\Delta < 0$ 时,一元二次方程没有实数根。

 **案例赏析**

解方程 $x^2 - 4x - 5 = 0$。

解 1　利用公式法,原方程中 $a = 1, b = -4, c = -5$,代入公式,得
$$x = \frac{4 \pm \sqrt{(-4)^2 - 4 \times 1 \times (-5)}}{2 \times 1} = \frac{4 \pm 6}{2}$$

所以　　　　　　　　　$x_1 = 5, \quad x_2 = -1$

解 2　利用因式分解法,将方程左边因式分解,有

钩玄提要

用求根公式法解方程是一种通用的方法,每个一元二次方程都可以用该法来解,很方便,但要弄清公式中字母在原方程中代表哪个数;有些题一眼能看出可用因式分解法或配方法来解的,则选用后者,这时若用求根公式法,相对来说比较麻烦。

$$(x-5)(x+1) = 0$$

所以 $x_1 = 5, \quad x_2 = -1$

解 3 利用配方法,将方程左边配方,有

$$x^2 - 4x + 4 - 4 - 5 = 0$$

即 $(x-2)^2 = 9$

所以 $x - 2 = \pm 3$

即 $x_1 = 5, \quad x_2 = -1$

 **学以致用**

请分别用求根公式法、因式分解法、配方法解方程 $x^2 - 8x - 9 = 0$。

① 求根公式法:

解

② 因式分解法:

解

③ 配方法:

解

 小试牛刀

解下列方程。

① $x^2 - 4 = 0$ ② $x^2 + 4x - 2 = 0$

解   **解**

③ $x^2 - 3x - 10 = 0$

解

 初露锋芒

(1) $x^2 + 6x + \underline{\quad} = (x + \underline{\quad})^2$

(2) $x^2 - \dfrac{5}{2}x + \underline{\quad} = (x - \underline{\quad})^2$

 **百炼成钢**

解下列方程。

① $x^2 + 4x - 12 = 0$

解

② $y^2 + 5y - 6 = 0$

解

③ $x^2 + 3x = 4$

解

④ $3x(x + 2) - x(2x + 1) = 6$

解

2.3 二元一次方程组

 **有的放矢**

本节重点是二元一次方程组的概念和消元法解题的思路[掌握]，会用消元法解二元一次方程组[应用]。要求同学们在 1 学时内完成。

 **案例赏析**

判断下列各题是不是二元一次方程组，并说明理由。

① $x + 2y = 5$

② $2x + y = y + 4 = \dfrac{y}{2} + \dfrac{7x}{2}$

③ $\begin{cases} x + 3y = 8 \\ 2x - y = 2 \end{cases}$

④ $\begin{cases} a - 2b = 6 \\ 2a + b = 8 \end{cases}$

⑤ $\begin{cases} 2x - 4 = y \\ 3x + z = 8 \\ y - z = 1 \end{cases}$

⑥ $\begin{cases} 2x - 4 = y \\ x = 1 \end{cases}$

钩玄提要

　　要正确做题，一定要弄清楚两个问题：一是所谓方程组，至少要有 ____ 个方程；二是"二元"，即只能含有 ____ 个未知数。

解 ① _____，理由 _____。

② _____，理由 _____。

③ _____，理由 _____。

④ _____，理由 _____。

⑤ _____，理由 _____。

⑥ _____，理由 _____。

 **学以致用**

结合生活实践,写出 $2 \sim 3$ 个二元一次方程组的例子。

 **知识宝库**

二元一次方程组:具有相同未知数的两个二元一次方程所组成的方程组。
二元一次方程组的解:二元一次方程组的解是两个方程的公共解。
解二元一次方程组:求二元一次方程组的解的过程。

 案例赏析

用代入消元法解方程组

$$\begin{cases} 2x + y = 8 & \quad\quad (2\text{-}1) \\ x - y = -2 & \quad\quad (2\text{-}2) \end{cases}$$

解 　由式(2-1),得

$$y = 8 - 2x \quad\quad (2\text{-}3)$$

将式(2-3)代入式(2-2),得

$$x - (8 - 2x) = -2$$

解得

$$x = 2$$

将 $x = 2$ 代入式(2-3),得

$$y = 4$$

故

$$\begin{cases} x = 2 \\ y = 4 \end{cases}$$

 **学以致用**

用代入消元法解方程组。

① $\begin{cases} x = 2 \\ 2x + 3y = 13 \end{cases}$　　　　② $\begin{cases} x + y = 4 \\ x + 4y = 13 \end{cases}$

解　　　　　　　　　　　　　　　　　解

 案例赏析

用加减消元法解方程组

$$\begin{cases} x - y = 3 & (2\text{-}4) \\ x + 2y = 4 & (2\text{-}5) \end{cases}$$

解　式（2-5）－式（2-4），得

$$y = \frac{1}{3}$$

把 $y = \frac{1}{3}$ 代入式（2-4），得　　　$x = \frac{10}{3}$

故　　　　　　　　　$$\begin{cases} x = \dfrac{10}{3} \\ y = \dfrac{1}{3} \end{cases}$$

 学以致用

用加减消元法解下列方程组。

① $\begin{cases} 4x + 3y = 7 \\ 2x - 3y = 5 \end{cases}$　　　　② $\begin{cases} 3x + 2y = 8 \\ 5x - 4y = 6 \end{cases}$

　解　　　　　　　　　　　　　　　解

 知识宝库

解二元一次方程组的最基本的方法就是消元（代入消元和加减消元），通过消元，将解二元一次方程组转化为解一元一次方程。

 小试牛刀

解下列方程组。

① $\begin{cases} a + 2b = 8 \\ 3a - b = 3 \end{cases}$　　　　② $\begin{cases} 2x + 3 = 5y - 2 \\ x + 2y = 2 \end{cases}$

　解　　　　　　　　　　　　　　　解

初露锋芒

解下列方程组。

① $\begin{cases} 3x + y = 5 \\ 2x - 3y = -4 \end{cases}$

解

② $\begin{cases} 3x - 6y = 2 \\ 5x - 3y = 6 \end{cases}$

解

 **百炼成钢**

解下列方程组。

① $\begin{cases} 4x - 3y = 5 \\ 2x + 3y = 9 \end{cases}$

解

② $\begin{cases} 6x - 2y = 5 \\ 5x + 4y = 12 \end{cases}$

解

③ $\begin{cases} 2x = 8 \\ x + y = 6 \end{cases}$

解

④ $\begin{cases} \dfrac{x}{2} + y = 7 \\ x + 3y = 12 \end{cases}$

解

 趣味阅读

举 起 脚 来

阳春三月,正是郊游的好时候,孔老师带我们外出游玩。大伙儿边走边看,说说笑笑,不知不觉来到了一个小村庄旁。听着村里传来的鸡鸣狗叫声,孔老师感慨地说:"老子说过,他理想中的社会是'邻邦相望,鸡犬之声相闻,民至老死不相往来',我实在是无法赞同呀! 要是人们都这样的话,那怎么能互相取长补短,传播知识呢?!"同学们恭恭敬敬地围着他,听他抒发感慨。

"我给你们举个例子吧,'鸡兔同笼'问题,你们听说过没有?"大伙儿都点了点头,颜回说:"就是知道鸡和兔子的总头数和总脚数,求鸡和兔子各多少只,可以用假设法来求,也可以列出方程来解决。"

孔老师赞许地说："颜回说得很好,可以看出他平时经常读数学书籍。解法确实是非常多的,但是前几天我听一个南方的客人介绍了一种新的思路,非常有趣呢!我们刚才说到鸡犬之声,那我就改一改,用鸡犬来出题吧……嗯,村里李大伯家养了鸡和狗,按头数一共有 25 只,数脚一共有 56 只,那么鸡和狗各有多少只呢?"

同学们叽里咕噜地开始在心里默算,性急的子路已经蹲下来,在地上画开了。孔老师微微笑起来,说:"不用急,我刚才说过了,我们换一种算法,你们先闭上眼睛吧。"

大伙儿安静下来,微闭双眼,听孔老师的下一步指令。

"让所有的鸡和狗排成一队。""好了。"

"让它们各举起一只脚来!"

孔老师的儿子孔鲤"扑哧"一声笑出来,说:"那鸡都变成金鸡独立了!"

"呵呵,这个成语用得好。"孔老师摸摸他的头,高兴地说。

孔鲤又调皮地说:"不过,小狗狗跷起一只脚,可就有些难看了,那不是在'嘘嘘'吗?"

同学们哈哈大笑起来,孔老师也笑着说:"好了,只可意会,不可言传……来,让鸡和狗再举起一只脚来!"

"啊?!"孔鲤叫起来,"再举起一只脚,那鸡就变成浮在半空中了,狗就变成像人一样站起来了。"

"对,现实中,要让鸡和狗这样做是很难的。但是我们人类号称万物灵长,只要靠思想,就可以在想像中实现这种巧妙的画面。"听了孔老师的话,同学们都若有所思。

"现在,站在地上的还有几只脚?"

子路抢着说:"从 56 里两次减去 25,剩下 6 只脚,都是狗脚。我怎么觉得这个词有些难听……"

又听孔老师问:"准确,刚才说每只狗都像人一样用两只脚站着,那么一共有几只狗呢?""三只!"同学们异口同声地说。

"鸡呢?""二十二只!"

这次郊游之后一段时间内,同学们见面时,都爱这样打招呼:"你好,举起脚来!"

项目三

集　合

　　缤纷多彩的世界,众多繁杂的现象,需要我们去认识。将对象进行分类,加强对其属性的认识,是解决复杂问题的重要手段之一。集合是基本的数学语言,学习运用这些知识,可以准确地对客观世界中的对象进行描述,并对其进行分类研究,提高应用数学语言刻画现实世界、进行交流的能力。

3.1　集合的概念

 **有的放矢**

本节重点学习集合的概念[掌握]、集合的表示法[应用]。要求同学们在 1 学时内完成。

 **案例赏析**

钩玄提要

什么是集合?"集合"一词与我们日常生活中的哪些词语的意义相近?

在初中,我们学过哪些集合?我们用集合描述过什么?经过讨论,同学们得出:

在初中代数里学习数的分类时,学过"正数的集合"、"负数的集合";在学习一元一次不等式时,说它的所有解为不等式的解集。

在初中几何里学习圆时,说圆是到定点的距离等于定长的点的集合,几何图形都可以看成点的集合。

(1) 请写出"小于 10"的所有自然数。

_____。

(2) 将下列数进行分类:$18,-35,46.2,0.05,387,36,83.9,1000.3,-62,71,-250,360,-93.6,0$。

① 正数:_____。

② 负数:_____。

③ 整数:_____。

④ 小数:_____。

 **知识宝库**

1) 集合的概念

(1) 某种指定的对象集在一起就成为一个集合,简称集。

(2) 集合中的每个对象称为这个集合的元素。

(3) 集合中的元素与集合的关系:

a 是集合 A 中的元素,称 a 属于集合 A,记作 $a \in A$;

a 不是集合 A 中的元素,称 a 不属于集合 A,记作 $a \notin A$。

例:设 $B = \{1,2,3\}$,则 $1 \in B, 4 \notin B$。

2) 集合中的元素具备的性质

(1) 确定性:集合中的元素是确定的,即给定一个集合,任何一个对象是否属于这个集合的元素也就确定了。如上例中给出集合 B 的元素,则 4 不是集合的元素是可以确定的。

(2)互异性:集合中的元素是互异的,即集合中的元素是没有重复的。若集合 $A = \{a,b\}$,则 a 与 b 是不同的两个元素。

(3)无序性:集合中的元素无顺序。如集合 $\{1,2\}$ 与集合 $\{2,1\}$ 表示同一集合。

3)常用的数集及其记法

全体非负整数的集合简称非负整数集(或自然数集),记作 $\mathbf{N}$;

非负整数集内排除 0 的集合简称正整数集,记作 $\mathbf{N}^*$ 或 $\mathbf{N}_+$;

全体整数的集合简称整数集,记作 $\mathbf{Z}$;

全体有理数的集合简称有理数集,记作 $\mathbf{Q}$;

全体实数的集合简称实数集,记作 $\mathbf{R}$。

4)集合的表示方法

(1)列举法:是把集合中的元素一一列举出来的方法。

例:$x^2 - 3x + 2 = 0$ 的解集可表示为 $\{1,2\}$。

(2)描述法:是用确定的条件表示某些对象是否属于这个集合的方法。

例:① $x^2 - 3x + 2 = 0$ 的解集可表示为 $\{x \mid x^2 - 3x + 2 = 0\}$;

② 不等式 $x - 3 > 2$ 的解集可表示为 $\{x \mid x - 3 > 2\}$。

5)集合的分类

(1)有限集:含有有限个元素的集合。例如,$A = \{1,2\}$。

(2)无限集:含有无限个元素的集合。例如,$\mathbf{N}$。

(3)空集:不含任何元素的集合,记作 $\varnothing$。例如,$\{x \mid x^2 + 1 = 0, x \in \mathbf{R}\} = \varnothing$。

注:对于无限集,不宜采用列举法。

 **学以致用**

(1)下列对象能否组成集合?

① 所有小于 8 的自然数。_____。

② 职教中心所有素质好的学生。_____。

③ 中国的大中城市。_____。

(2)用适当的方法表示下列集合。

① 小于 5 的所有正整数所组成的集合。

_____。

② 平面内到一个定点 O 的距离等于定长 $l(l > 0)$ 的所有点 P。

_____。

③ 不等式 $2x - 8 < 2$ 的解集。

_____。

小试牛刀

用符号"∈"或"∉"填空：

① -3 ____ **N**   ② 0.5 ____ **N**   ③ 1.5 ____ **Z**

④ -5 ____ **Z**   ⑤ -0.2 ____ **Q**   ⑥ 7.25 ____ **Q**

⑦ -2.6 ____ **R**   ⑧ π ____ **R**   ⑨ 9 ____ **N**

 初露锋芒

用不同的方法表示下列集合。

① $\{2,4,6,8\}$

_____。

② $\{x \mid x^2 + x - 1 = 0\}$

_____。

③ $\{x \in \mathbf{N} \mid 3 < x < 7\}$

_____。

 **百炼成钢**

（1）用适当的方法表示下列集合。

① 构成英语单词 mathematics（数学）的全体字母。

_____。

② 在自然集内，小于 1000 的奇数构成的集合。

_____。

③ 矩形构成的集合。

_____。

（2）用描述法表示下列集合。

① $\{3,9,27,81,\cdots\}$

_____。

② $\left\{\dfrac{1}{2}, \dfrac{3}{4}, \dfrac{5}{6}, \dfrac{7}{8}\right\}$

_____。

3.2　集合之间的关系

有的放矢

本节重点学习集合的关系[理解]，会判断集合的关系[应用]。要求同学们在 1 学时内完成。

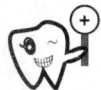

案例赏析

（1）设集合 $M = \{$数学，语文，英语，计算机应用基础，体育与健康，物理，化学$\}$，$N = \{$数学，语文，英语，计算机应用基础，体育与健康$\}$，那么集合 M 与集合 N 之间存在什么关系呢？

集合 M 与集合 N 的元素之间的关系：_____。

（2）集合 $M = \{1,2,3,4,5\}$，$N = \{1,3,5,2,4\}$，$P = \{1,2,3\}$。N 中的元素都是 M 中的元素，P 中的元素也都是 M 中的元素，所以 $N \subseteq M$，$P \subseteq M$。但是，M 与 N 的元素完全相同，而 M 中的元素 4 和 5 不是集合 P 的元素。

集合 M 与集合 N 之间是什么关系？集合 P 与集合 M 之间又是什么关系？

（3）观察集合 $A = \{x \mid x^2 - 1 = 0\}$ 与集合 $B = \{-1,1\}$。由于方程 $x^2 - 1 = 0$ 的解为 $x_1 = -1$，$x_2 = 1$，解集为 $\{-1,1\}$，故集合 A 与集合 B 的元素完全相同。

集合 A 与集合 B 之间是什么关系呢？学生讨论得出结果_____。

钩玄提要

要正确解答上述例题，一定要弄清两个集合之间的包含关系。

知识宝库

1）子集的概念

一般地，如果集合 B 的元素都是集合 A 的元素，那么把集合 B 称为集合 A 的子集，记作 $B \subseteq A$（或 $A \supseteq B$），读作"B 包含于 A"（或"A 包含 B"）。

集合 B 是集合 A 的子集，可以用图 3-1 所示的图形直观地表示，其中两个封闭曲线的内部分别表示集合 A、B。

由子集的定义可知，任何一个集合都是它自身的子集，即 $A \subseteq A$。

规定：空集是任何集合的子集，即 $\varnothing \subseteq A$。

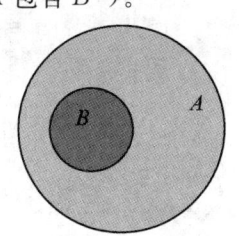

图 3-1　子集的定义

2）真子集的概念

如果集合 B 是集合 A 的子集，并且 A 中至少有一个

元素不属于 B,那么把 B 称为 A 的真子集,记作 $B \subsetneqq A$(或 $A \supsetneqq B$),读作"B 真包含于 A"(或"A 真包含 B")。

显然,空集是任何非空集合的真子集。

3) 集合相等的概念

一般地,如果两个集合的元素完全相同,那么就说这两个集合相等。集合 A 等于集合 B,记作 $A = B$。

如果 $B \subseteq A$,同时 $A \subseteq B$,即集合 B 的元素都属于集合 A,同时集合 A 的元素也都属于集合 B,那么集合 A 与集合 B 的元素完全相同,由集合相等的定义知 $A = B$。

 **学以致用**

(1) 设集合 $M = \{0,1,2\}$,试写出 M 的所有子集,并指出其中的真子集。

解

(2) 判断集合 $A = \{x \mid |x| = 2\}$ 与集合 $B = \{x \mid x^2 - 4 = 0\}$ 的关系。

解

 小试牛刀

用符号"$\subseteq$"、"$\supseteq$"、"$\in$"或"$\notin$"填空:

① $\{a,b,c,d\}$ _____ $\{a,b\}$ ② $\varnothing$ _____ $\{1,2,3\}$

③ $\mathbf{N}$ _____ $\mathbf{Q}$ ④ 0 _____ $\mathbf{R}$

⑤ d _____ $\{a,b,c\}$ ⑥ $\{x \mid 3 < x < 5\}$ _____ $\{x \mid 0 \leqslant x < 6\}$

 初露锋芒

已知集合 $A = \{x,y\}$,$B = \{2,2y\}$,若 $A = B$,求 $x + y$ 的值。

解

 百炼成钢

(1) 已知 $A = \{1,3,a\}$,$B = \{1,a^2 - a + 1\}$,且 $B \subseteq A$,求 a。

解

(2) 已知集合 A 满足 $\{1,2\} \subseteq A \subseteq \{1,2,3,4,5\}$，求满足条件的集合 A。

3.3 集合的运算

有的放矢

集合也能进行运算，你知道吗？本节重点学习集合的运算[掌握]，集合的交集、并集、补集[应用]。要求同学们在 2 学时内完成。

案例赏析

(1) 已知 6 的正约数集合为 $A = \{1,2,3,6\}$，10 的正约数集合为 $B = \{1,2,5,10\}$，那么 6 与 10 的正公约数的集合 C 是什么呢？

满足上述条件的集合 C _____。

(2) 观察图 3-2 和图 3-3 的阴影部分，它们同集合 A、集合 B 有什么关系？

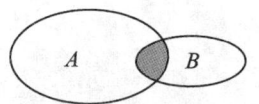

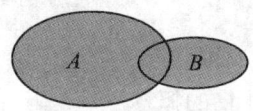

图 3-2   集合 A、集合 B 的关系一　　　**图 3-3   集合 A、集合 B 的关系二**

图 3-2 中的阴影部分与集合 A、B 是什么关系？

_____。

图 3-3 中的阴影部分与集合 A、B 是什么关系？

_____。

(3) 某学习小组学生的集合为 $U = \{$王明，曹勇，王亮，李冰，张军，赵云，冯佳，薛香芹，钱忠良，何晓慧$\}$，其中，在学校应用文写作比赛与技能大赛中获得过金奖的学生集合为 $P = \{$王明，曹勇，王亮，李冰，张军$\}$。

没有获得金奖的学生的集合 M _____。

集合 M、P 与集合 U 之间是什么关系？

_____。

知识宝库

1）交集的概念

对于两个给定的集合 A、B，由既属于 A 又属于 B 的所有元素组成的集合

钩玄提要

集合的运算分别具有下面的一些性质，运用它们可以快速地进行集合的运算。

(1) 由交集的定义可知，对任意两个集合 A、B，有

①$A \cap B = B \cap A$；

②$A \cap A = A$，$A \cap \varnothing = \varnothing$；

③$A \cap B \subseteq A$，$A \cap B \subseteq B$。

(2) 由并集的定义可知，对任意两个集合 A、B，有

①$A \cup B = B \cup A$；

②$A \cup A = A$，$A \cup \varnothing = A$；

③$A \subseteq A \cup B$，$B \subseteq A \cup B$。

(3) 由补集的定义可知，对于任意集合 A，都有

①$A \cup \complement_U A = U$；

②$A \cup \complement_U A = \varnothing$；

③$\complement_U(\complement_U A) = A$。

称为 A 与 B 的交集,记作 $A \cap B$,读作"A 交 B",即 $A \cap B = \{x \mid x \in A$ 且 $x \in B\}$。

集合 A 与集合 B 的交集可以用图 3-4 中阴影部分表示。

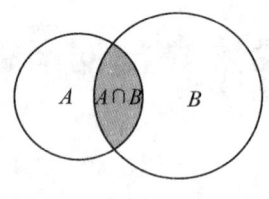

图 3-4 交集

2) 并集的概念

对于两个给定的集合 A、B,由集合 A、B 的所有元素所组成的集合称为与 B 的并集,记作 $A \cup B$,读作"A 并 B",即 $A \cup B = \{x \mid x \in A$ 或 $x \in B\}$;集合 A 与集合 B 的并集可以用图 3-5 中阴影部分表示。

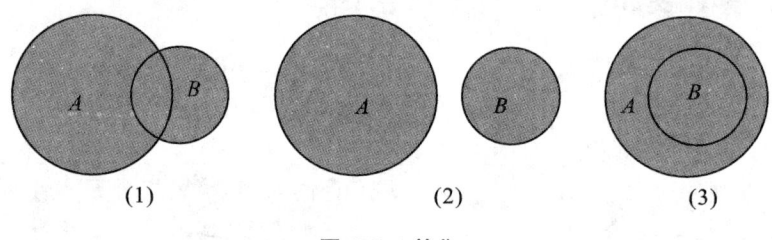

(1) (2) (3)

图 3-5 并集

3) 补集的概念

在研究某些集合时,这些集合常常是一个给定集合的子集,这个给定的集合称为全集,一般用 A 来表示;在研究数集时,经常把实数集 **R** 作为全集。

如果集合 A 是全集 U 的子集,那么,由 U 中不属于 A 的所有元素组成的集合称为 A 在全集 U 中的补集,记作 $\complement_U A$,读作"A 在 U 中的补集",即 $\complement_U A = \{x \mid x \in U$ 且 $x \notin A\}$。用图形表示集合时,习惯上用矩形 U 的内部表示全集。A 在 U 中的补集可以用图 3-6 表示,其中圆的内部表示集合 A,阴影部分(包含圆的边界)表示 A 在 U 中的补集。

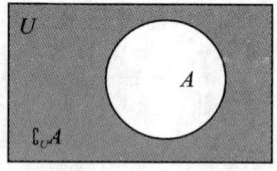

图 3-6 补集

前述实例中,没有获得金奖的学生的集合就是集合 P 在 U 中的补集。

 **学以致用**

(1) 设 $A = \{2,3,5\}$，$B = \{-1,0,1,2\}$，求 $A \bigcup B$。

解

(2) 设 $A = \{x \mid -1 < x < 3\}$，$B = \{x \mid 0 < x < 4\}$，求 $A \bigcap B$。

解

(3) 设 $A = \{1,2,3,4\}$，$B = \{0,2,4,6\}$，求 $A \bigcup B$。

解

(4) 设 $U = \{0,1,2,3,4,5,6,7,8,9\}$，$A = \{1,3,4,5\}$，$B = \{3,5,7,8\}$，求 $\complement_U A$ 及 $\complement_U B$。

解

 **小试牛刀**

已知 $A = \{1,3,5,7,8\}$，$B = \{2,3,4,5,8,9\}$，求 $A \bigcap B$，$A \bigcup B$。

解

 初露锋芒

已知 $A = \{x \mid x < 6\}$，$B = \{x \mid -2 < x < 5\}$，求 $A \bigcap B$。

解

 **百炼成钢**

(1) 设 $A = \{(x,y) \mid x + y = 0\}$，$B = \{(x,y) \mid x - y = 4\}$，求 $A \bigcap B$。

解

(2) 设 $U = \mathbf{R}$，$A = \{x \mid -1 < x < 4\}$，求 $\complement_U A$。

解

 趣味阅读

火 柴 游 戏

一个最普通的火柴游戏就是两人一起玩，先置若干支火柴于桌上，两人轮流取，每次所取的数目可先作一些限制，规定取走最后一根火柴者获胜。

规则：若限制每次所取的火柴数目最少 1 根、最多 3 根，则如何玩才可致胜？

例如：桌面上有 15 根火柴，甲、乙两人轮流取，甲先取，则甲应如何取才能致胜？

为了要取得最后 1 根，甲必须最后留下 0 根火柴给乙，故在最后一步之前的轮取中，甲不能留下 1 根或 2 根或 3 根，否则乙就可以全部取走而获胜。如果留下 4 根，则乙不能全取，则不管乙取几根（1 或 2 或 3），甲必能取得所有剩下的火柴而赢了游戏。

同理，若桌上留有 8 根火柴让乙去取，则无论乙如何取，甲都可使这一轮取后留下 4 根火柴，最后也一定是甲获胜。由分析可知，甲只要使得桌面上的火柴数为 4,8,12,16,… 等让乙去取，则甲必稳操胜券。

因此，若原先桌面上的火柴数为 15，则甲应取 3 根；若原先桌面上的火柴数为 18，则甲应先取 2 根。

项目四

函　　数

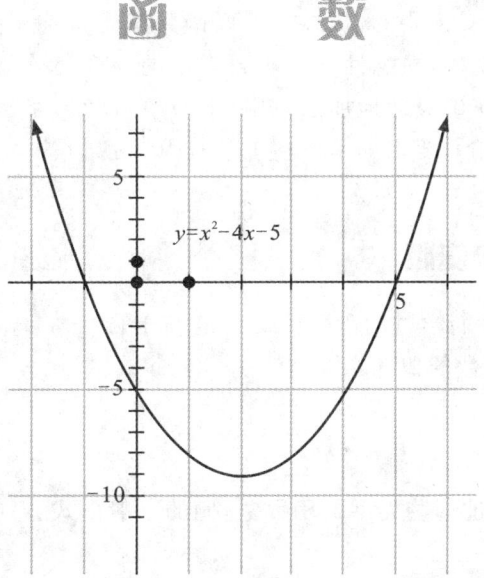

$y=x^2-4x-5$

　　世界上的事物千变万化,一个事物的变化经常依赖于另一个(或几个)事物的变化。例如,当我们购物时,在价格不变的情况下,应付购物款的数额依赖于购物数量的变化而变化。

　　函数主要研究变量与变量之间的对应关系,它是解决生活和职业岗位中实际问题的重要数学工具之一。

　　本章将在初中所学函数知识的基础上,利用集合的知识重新认识函数,研究函数的概念、表示方法及性质,并通过实例了解函数在实际生活中的应用。

4.1　函数的概念

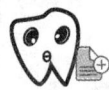 **有的放矢**

函数是数学中最主要的概念之一,而函数概念贯穿于整个数学学习的始终。概念是数学的基础,概念性强是函数理论的一个显著特点,只有对概念做到深刻理解,才能正确灵活地加以应用。本节重点学习函数的概念[理解],求函数的定义域[应用]。要求同学们在 1 学时内完成。

 案例赏析

钩玄提要

与初中学习的函数定义相比,这个定义更加完善,它强调了函数的定义域与对应法则。

定义域与对应法则是函数定义中的两个要素,它们一旦确定,函数的值域也就随之确定了。定义域与对应法则都相同的函数是同一个函数,而与表示函数所选用的字母无关。如函数 $y = \sqrt{x}$ 与 $s = \sqrt{t}$,虽然选用的字母不同,但表示的是同一个函数。

除使用记号 $f(x)$ 表示函数外,还经常用 $g(x), h(x), p(x), F(x), G(x)$ 等表示函数。

(1) 在初中,我们学过的函数的概念是怎样的?

初中学习的函数的概念:

(2) 初中学习过哪些类型的函数?它们的一般形式分别是怎样的?

列出初中所学函数的类型及一般形式:

知识宝库

函数的概念

学习了集合的概念之后,对函数作出如下的定义:

在某一个变化过程中,有两个变量 x 和 y,设变量 x 的取值范围为数集 D,如果对于 D 内的每一个 x 值,按照某个对应法则 f,y 都有唯一确定的值与它对应,那么,把 x 称为自变量,把 y 称为 x 的函数,记作 $y = f(x)$,数集 D 称为函数的定义域。当 $x = x_0$ 时,函数 $y = f(x)$ 对应的值 y_0 称为函数在点 x_0 处的函数值,记作 $y_0 = f(x_0)$。例如,函数 $y = 3x - 1$ 中,$f(x) = 3x - 1$,故在 $x = -2$ 处的函数值为 $f(-2) = 3 \times (-2) - 1 = -7$,函数值的集合 $\{y \mid y = f(x), x \in D\}$ 称为函数的值域。

 **学以致用**

（1）求下列函数的定义域。

① $f(x) = \dfrac{1}{x+1}$　　　　　　② $f(x) = \sqrt{1-2x}$

解　　　　　　　　　　　　　解

（2）设 $f(x) = \dfrac{2x-1}{3}$，求 $f(0)$，$f(2)$，$f(-5)$，$f(b)$。

解

 小试牛刀

求下列函数的定义域。

① $y = x^2 - 2x - 3$　　　　　　② $y = \sqrt{x-2}$

解　　　　　　　　　　　　　解

 初露锋芒

设函数 $f(x) = x^2 - x$，求 $f(0)$，$f(-2)$，$f(a)$。

解

 **百炼成钢**

（1）求下列各函数的定义域。

① $f(x) = \dfrac{2}{x+4}$　　　　　　② $f(x) = \sqrt{x^2 - 6x + 5}$

解　　　　　　　　　　　　　解

(2) 已知 $f(x) = 3x - 2$,求 $f(0)$,$f(1)$,$f(a)$。

解

4.2 函数的性质

 **有的放矢**

本节重点学习函数的单调性和奇偶性[理解],会根据图像判断[应用]。要求同学们在 1 学时内完成。

 **案例赏析**

观察某市气温时段图,如图 4-1 所示,容易看出:

(1) 凌晨 6 时,气温最低,午后 14 时,气温最高。

(2) 随着时间的增加,在时间段 $(0,6)$ 内,气温不断地下降;在时间段 $(6,14)$ 内,气温不断地上升。

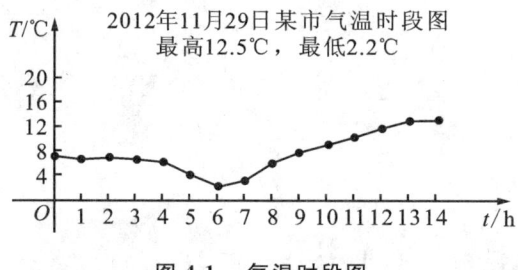

图 4-1 气温时段图

 **知识宝库**

1)函数的单调性

函数值随着自变量的增大而增大(或减小)的性质称为函数的单调性。

观察图 4-2(a)可以发现,函数图像自左至右呈上升趋势,即函数值随着自变量的增大而增大。函数的这种性质描述为:

设函数 $y = f(x)$ 在区间 (a,b) 内有意义。如果对任意的 $x_1,x_2 \in (a,b)$,当 $x_1 < x_2$ 时,都有 $f(x_1) < f(x_2)$ 成立,那么,函数 $f(x)$ 称为区间 (a,b) 内的增函数,区间 (a,b) 称为函数 $f(x)$ 的增区间。

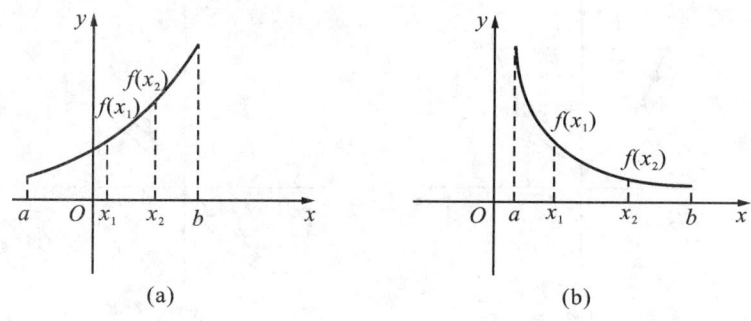

图 4-2　函数的单调性

观察图 4-2(b) 可以发现,函数图像自左至右呈下降趋势,即函数值随着自变量的增大而减小。函数的这种性质描述为:

设函数 $y = f(x)$ 在区间 (a,b) 内有意义。对于任意的 $x_1, x_2 \in (a,b)$,如果当 $x_1 < x_2$ 时,都有 $f(x_1) > f(x_2)$ 成立,那么函数 $f(x)$ 称为区间 (a,b) 内的减函数,区间 (a,b) 称为函数 $f(x)$ 的减区间。

如果函数 $f(x)$ 在区间 (a,b) 内是增函数(或减函数),那么称函数 $f(x)$ 在区间 (a,b) 内具有单调性,区间 (a,b) 称为函数 $f(x)$ 的单调区间。

可以通过对函数图像的观察,判断函数的单调性,也可以利用函数单调性的定义来判定函数的单调性。

2) 函数的奇偶性

观察图 4-3(a) 可知,如果沿着 y 轴对折,对折后 y 轴两侧的图像完全重合。即函数图像上的任意一点 P 关于 y 轴的对称点 P' 仍然在函数图像上,那么称函数图像关于 y 轴对称,并把 y 轴称为这个函数图像的对称轴。

当函数 $y = f(x)$ 的图像关于 y 轴对称时,对任意的 $x \in D$,都有 $-x \in D$,且图像上任意点 $P(x, f(x))$ 关于 y 轴的对称点 $P'(-x, f(x))$ 仍在图像上。因为 $-x$ 的函数值为 $f(-x)$,所以 $f(-x) = f(x)$。对于函数的这个特性,给出如下的定义:

设函数的定义域为数集 D,如果对于任意的 $x \in D$,都有 $-x \in D$,且 $f(-x) = f(x)$,那么函数 $f(x)$ 称为偶函数。

偶函数的图像关于 y 轴对称,可以证明,图像关于 y 轴对称的函数为偶函数。

观察图 4-3(b) 可知,如果函数图像绕着原点旋转 $180°$,旋转前后的图像完全重合,即函数图像上任意一点 P 关于原点的对称点 P' 仍然在函数图像上,那么称函数图像关于原点中心对称,并把原点称为这个函数图像的对称中心。

函数 $y = f(x)$ 的图像关于原点中心对称时,对任意的 $x \in D$,都有 $-x \in D$,且图像上任意点 $P(x, f(x))$ 关于原点 O 的对称点 $P'(-x, -f(x))$ 仍在图像上。因为 $-x$ 的函数值为 $f(-x)$,所以 $f(-x) = -f(x)$。对于函数的这个特性,给出如下的定义:

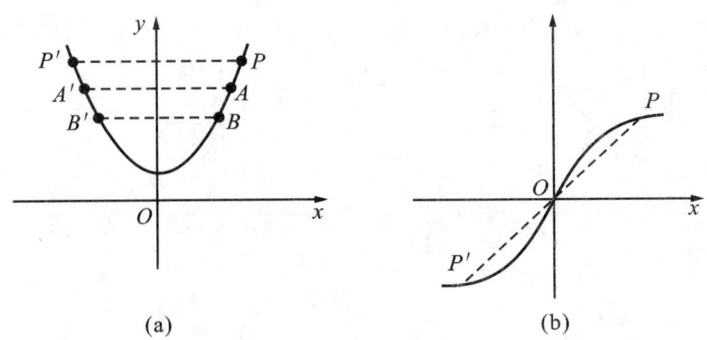

图 4-3 函数的奇偶性

设函数的定义域为数集 D,如果对于任意的 $x \in D$,都有 $-x \in D$,且 $f(-x) = -f(x)$,那么函数 $f(x)$ 称为奇函数。

奇函数的图像关于原点 O 中心对称,可以证明,图像关于原点 O 中心对称的函数为奇函数。

如果一个函数是奇函数或偶函数,那么,就说这个函数具有奇偶性。不具有奇偶性的函数称为非奇非偶函数。

由定义可以知道,判断一个函数是否具有奇偶性的基本方法是:

(1) 求出函数的定义域,如果对任意的 $x \in D$ 都有 $-x \in D$,则分别计算出 $f(x)$ 与 $f(-x)$,然后根据定义判断函数的奇偶性。

(2) 如果存在某个 $x_0 \in D$,但 $-x \notin D$,则函数肯定是非奇非偶函数。

当然,对于用图像法表示的函数,可以通过对图像对称性的观察来判断函数是否具有奇偶性。

 学以致用

(1) 小明从家里出发,去学校取书,顺路将自行车送还王伟同学。小明骑了 30 min 自行车,到王伟家送还自行车后,又步行 10 min 到学校取书,最后乘公交车经过 20 min 回到家。这段时间内,小明离开家的距离与时间的关系如图 4-4 所示。请指出这个函数的单调性。

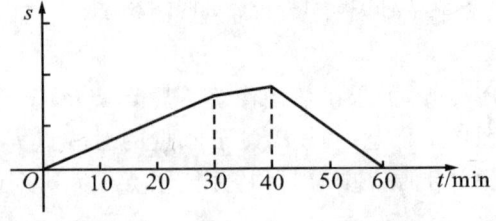

图 4-4 距离与时间的关系

解

（2）判断函数 $y = 4x - 2$ 的单调性。

解法 1 （图像法）

解法 2 （定义法）

（3）判断下列函数的奇偶性。

① $f(x) = x^3$ ② $f(x) = 2x^2 + 1$

解   解

 **小试牛刀**

判断下列函数的奇偶性。

① $f(x) = \sqrt{x}$ ② $f(x) = x - 1$

解   解

 初露锋芒

判断函数 $f(x) = x^2 - 1$ 在区间 $(-\infty, 0)$ 上的单调性。

 **百炼成钢**

（1）已知函数图像如图 4-5 所示，请你：① 根据图像说出函数的单调区间以及函数在各单调区间内的单调性；② 写出函数的定义域和值域。

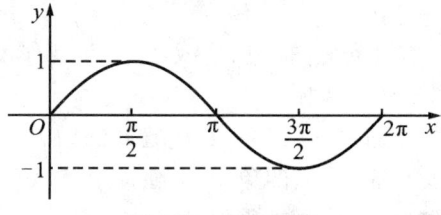

图 4-5 函数图像

解

（2）判断下列函数的奇偶性。

①$f(x) = -3x + 1$ ②$f(x) = -3x^2 + 2$

解   解

4.3　函数的图像

 **有的放矢**

函数的图像能直观地反映出自变量与函数值之间的关系，本节重点学习函数的图像[理解]。要求同学们在 2 学时内完成。

钩玄提要

了解一次函数与二次函数的图像特征是准确地作出它们的图像的前提。

 **案例赏析**

（1）一次函数的一般形式是什么？它的图像是怎样的？

（2）二次函数的图像是怎样的？如何作出它的图像？

 **知识宝库**

1）一次函数的图像

$y = kx + b(k, b$ 为常数，$k \neq 0)$，则称 y 是 x 的一次函数。当 $b = 0$ 时，y 是 x 的正比例函数。

（1）作图与图形：通过列表、描点、连线，三个步骤作图。

（2）k, b 与函数图像所在象限：

当 $k > 0$ 时，直线必通过一、三象限，y 随 x 的增大而增大；

当 $k < 0$ 时，直线必通过二、四象限，y 随 x 的增大而减小；

当 $b > 0$ 时，直线必通过一、二象限；

当 $b < 0$ 时,直线必通过三、四象限。

特别地,当 $b = 0$ 时,直线通过原点 $O(0,0)$ 表示的是正比例函数的图像。这时,当 $k > 0$ 时,直线只通过一、三象限;当 $k < 0$ 时,直线只通过二、四 象限。

函数 $y = kx + b$ 的作图规律如图 4-6 所示。

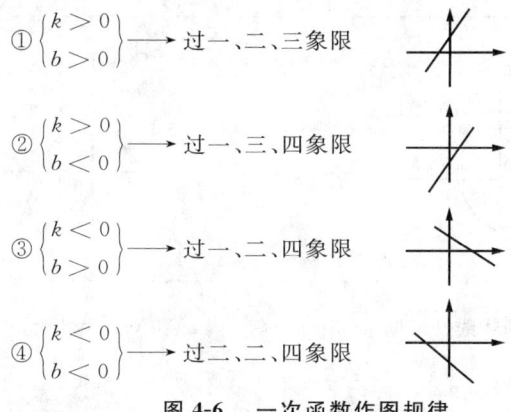

① $\begin{cases} k > 0 \\ b > 0 \end{cases}$ ⟶ 过一、二、三象限

② $\begin{cases} k > 0 \\ b < 0 \end{cases}$ ⟶ 过一、三、四象限

③ $\begin{cases} k < 0 \\ b > 0 \end{cases}$ ⟶ 过一、二、四象限

④ $\begin{cases} k < 0 \\ b < 0 \end{cases}$ ⟶ 过二、二、四象限

图 4-6　一次函数作图规律

2) 二次函数的图像

形式如 $y = ax^2 + bx + c(a \neq 0, a, b, c$ 为常数$)$ 的函数称为二次函数。其中,a 为二次项系数,b 为一次项系数,c 为常数项。

二次函数 $y = ax^2 + bx + c(a \neq 0)$ 的图像是对称轴平行于 y 轴(或是 y 轴本身)的抛物线。几个不同的二次函数,如果二次项系数 a 相同,那么其图像的开口方向、形状完全相同,只是顶点的位置不同。

(1) 用描点法画图像:首先确定二次函数的开口方向、对称轴、顶点坐标,然后在对称轴两侧,以顶点为中心,左右对称地画图。画结构图时应抓住以下几点:对称轴、顶点、与 x 轴的交点、与 y 轴的交点。

(2) 用平移法画图像:由于 a 相同的抛物线 $y = ax^2 + bx + c$ 的开口及形状完全相同,故可将抛物线 $y = ax^2$ 的图像平移得到 a 值相同的其他形式的二次函数的图像。步骤为:利用配方法或公式法将二次函数化为 $y = a(x-h)^2 + k$ 的形式,确定其顶点 (h,k),然后作出二次函数 $y = ax^2$ 的图像,将抛物线 $y = ax^2$ 平移,使其顶点平移到 (h,k)。如图 4-7 所示。

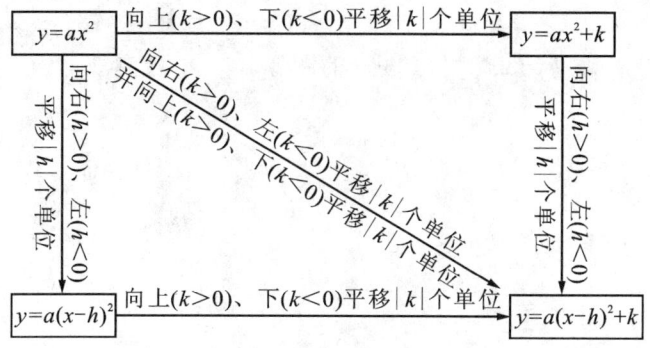

图 4-7　二次函数作图规律

（3）二次函数的性质如表 4-1 所示。

表 4-1 二次函数的性质

函数	二次函数 $y = ax^2 + bx + c(a,b,c$ 是常数$,a \neq 0)$	
	$a > 0$	$a < 0$
图像		
性质	（1）当 $a > 0$ 时,抛物线开口向上,并向上无限延伸,顶点 $\left(-\dfrac{b}{2a},\dfrac{4ac-b^2}{4a}\right)$ 是它的最低点 （2）在对称轴 $x = -\dfrac{b}{2a}$ 的左侧,抛物线自左向右下降;在对称轴的右侧,抛物线自左向右上升	（1）当 $a < 0$ 时,抛物线开口向下,并向下无限延伸,顶点 $\left(-\dfrac{b}{2a},\dfrac{4ac-b^2}{4a}\right)$ 是它的最高点 （2）在对称轴 $x = -\dfrac{b}{2a}$ 的左侧,抛物线自左向右上升;在对称轴的右侧,抛物线自左向右下降

学以致用

（1）作出函数 $y = 5x + 2$ 的图像。

解

（2）作出函数 $y = 2x^2 - 3x + 5$ 的图像。

解

 **小试牛刀**

作出函数 $y = x + 6$ 的图像。

解

 **初露锋芒**

作出函数 $y = -3x + 5$ 的图像。

解

 **百炼成钢**

（1）作出函数 $y = -2x + 3$ 的图像。

解

（2）作出函数 $y = -3x^2 + 2x - 1$ 的图像。

解

趣味阅读

丢番图的墓志铭

在丢番图的墓碑上,刻写着这样一段墓志铭:

坟中安葬着丢番图,

多么令人惊讶,它忠实地记录了所经历的道路,

上帝给予的童年占六分之一,

又过十二分之一,两颊长胡,

再过七分之一,点燃起婚姻的蜡烛,

五年之后天赐贵子,

可怜迟到的宁馨儿,

享年仅及其父之半,便进入冰冷的墓。

悲伤只有用数论的研究去弥补,

又过四年,他也走完了人生的旅途。

这块奇特的碑文,如同谜语,又是一道数学题。碑文的大意如下。

过路人:这儿埋着丢番图的骨灰。下面的数目可以告诉你,他的寿命究竟有多长。

他一生的六分之一是幸福的童年。再活了十二分之一,面颊上长起了细细的胡须。又度过了一生的七分之一,丢番图结了婚,还没有孩子。再过五年,得了头生儿子,他感到很幸福。可是命运给这孩子在这世界上的光辉生命仅有他父亲的一半。儿子死了以后,这老头儿在深深的悲痛中又活了四年,也结束了尘世的生涯。

这块奇特的碑文,数千年来一直引起人们的极大兴趣。根据这个碑文,人们可以把这位伟大的数学家年龄、家庭经历都一一推算出来。

如果你发现了这块碑,是否也会推算?

项目五

三 角 函 数

　　现实生活中有许多现象是随着时间的变化而发生周期性变化的,如钟表指针的转动、车轮的转动,一年四季的周而复始等,都呈现周期性的变化。研究这类现象的主要工具是三角函数。本项目将在锐角三角函数的基础上讨论任意角的三角函数的图像与性质,了解三角函数在实际中的应用。

5.1 任意角的概念

有的放矢

本节重点学习任意角的概念[理解]，会判断所在的位置[应用]。要求同学们在 1 学时内完成。

案例赏析

钩玄提要

上述所讨论的就是角度的问题。这样的问题，生活中随处可见。

（1）游乐场的摩天轮，每一个轿厢挂在一个悬臂上，小明和小华两人同时登上摩天轮，悬臂转过一圈后，小明下了摩天轮，小华继续坐一圈。那么，小华走下来时，悬臂转过的角度是多少？

请你算出结果。

（2）用活动扳手旋松螺母，当扳手按逆时针方向由 OA 旋转到 OB 位置时，形成角 AOB；扳手由 OA 逆时针旋转一周形成 360° 的角，扳手继续旋转，所形成的角为 360° 加上扳手继续转过的角，这样就出现了大于 360° 的角。如果用扳手旋紧螺母，就要将扳手按顺时针方向旋转，这时所形成的角该怎样表示呢？

学以致用

试试看，你能列举一些事例吗？

_____。

 **知识宝库**

角的有关概念

一条射线由位置 OA，绕着它的端点 O 按逆时针（或顺时针）方向旋转到另一位置 OB 形成的图形称为角。旋转开始位置的射线 OA 称为角的始边，终止位置的射线 OB 称为角的终边，端点 O 称为角的顶点。

规定：按逆时针方向旋转所形成的角称为正角，按顺时针方向旋转所形成的角称为负角。当射线没有作任何旋转时，也认为形成了一个角，这个角称为零角。

角的概念推广后，可以是任意大小的正角、负角或零角。

为了研究方便，经常在平面直角坐标系中研究角，将角的顶点与坐标原点重合，始边与 x 轴的正半轴重合。此时，角的终边在第几象限，就把这个角称为第几象限的角，或者说这个角在第几象限。

终边在坐标轴上的角称为界限角。例如 $0°, 90°, 180°, 270°, 360°, -90°, -270°$ 等，都是界限角。

 **小试牛刀**

写出下列各角是第几象限角。

30°：_____。

390°：_____。

330°：_____。

 初露锋芒

说出下列各角是第几象限角。

① 600°：_____。

② -365°：_____。

③ 798°：_____。

④ -946°：_____。

 **知识宝库**

角的终边互相重合的角，称为终边相同的角。一般地，与角 a 终边相同的角（包括角 a 在内）都可以写成 $a + k \cdot 360°$ 的形式。可见与角终边相同的角有无限多个，它们所组成的集合为 $\{b \mid b = a + 360° \cdot k\}, k \in \mathbf{Z}$。

案例赏析

(1)写出与下列各角终边相同的角的集合,并把它们在 $-360° \sim 720°$ 范围内的角写出来。

① $60°$:_____,_____。

② $-75°$:_____,_____。

③ $-114°$:_____,_____。

④ $25°$:_____,_____。

(2)写出终边在 y 轴上的角的集合。

 小试牛刀

(1)在直角坐标系中分别作出下列各角,并指出它们是第几象限角。

① $65°$ ② $-210°$

③ $225°$ ④ $-300°$

(2)写出与下列各角终边相同的角的集合,并把在 $0° \sim 360°$ 范围的角写出来。

① $420°$:_____,_____。

② $-135°$:_____,_____。

③ $23°$:_____,_____。

④ $-76°$:_____,_____。

初露锋芒

(1)与 $330°$ 终边相同的角为(   )。

A. $-60°$ B. $390°$ C. $-390°$ D. $-45°$

(2)时钟的分针每分钟转过_____度;时针每小时转过_____度;时针一昼夜转过_____度。

（3）所有与角 a 终边相同的角组成一个集合，这个集合为 _____

_____。

（4）$k \cdot 360° - 30°(k \in \mathbf{Z})$ 是第 _____ 象限角。

 **百炼成钢**

（1）设 a 是第二象限角，指出 $a/2$ 是第几象限角。

（2）写出与下列各角终边相同的角的集合，并把其中在 $0° \sim 360°$ 范围内的角写出来。

① $248°$：_____，_____。

② $-153°$：_____，_____。

5.2 弧 度 制

 **有的放矢**

本节重点学习弧度制[理解]，会进行角度与弧度的互化[应用]。要求同学们在 1 学时内完成。

 **案例赏析**

初中几何研究过角的度量，当时是用度来做单位度量角的。那么 $1°$ 的角如何定义的？我们把用度做单位来度量角的制度称为角度制，有了它就可以计算弧长，公式为 $l = \dfrac{n\pi r}{180}$。

发现什么规律？

角度为 $30°$、$60°$ 的圆心角，当半径 $r = 1$、2、3、4 时，分别计算对应的弧长 l 及弧长与半径的比。

$\theta = 30°, r = 1$ 时，$l = \dfrac{n\pi r}{180} = \dfrac{30 \times \pi \times 1}{180} = \dfrac{\pi}{6}, \dfrac{l}{r} = \dfrac{\pi}{6}$

$r = 2$ 时，$l = \dfrac{n\pi r}{180} = \dfrac{30 \times \pi \times 2}{180} = \dfrac{\pi}{3}, \dfrac{l}{r} = \dfrac{\pi}{6}$

$r = 3$ 时，$l = \dfrac{n\pi r}{180} = \dfrac{30 \times \pi \times 3}{180} = \dfrac{\pi}{2}, \dfrac{l}{r} = \dfrac{\pi}{6}$

$r = 4$ 时，$l = \dfrac{n\pi r}{180} = \dfrac{30 \times \pi \times 4}{180} = \dfrac{2\pi}{3}, \dfrac{l}{r} = \dfrac{\pi}{6}$

$$\theta = 60°, r = 1 \text{ 时}, l = \frac{n\pi r}{180} = \frac{60 \times \pi \times 1}{180} = \frac{\pi}{3}, \frac{l}{r} = \frac{\pi}{3}$$

$$r = 2 \text{ 时}, l = \frac{n\pi r}{180} = \frac{60 \times \pi \times 2}{180} = \frac{2\pi}{3}, \frac{l}{r} = \frac{\pi}{3}$$

$$r = 3 \text{ 时}, l = \frac{n\pi r}{180} = \frac{60 \times \pi \times 3}{180} = \pi, \frac{l}{r} = \frac{\pi}{3}$$

$$r = 4 \text{ 时}, l = \frac{n\pi r}{180} = \frac{60 \times \pi \times 4}{180} = \frac{4\pi}{3}, \frac{l}{r} = \frac{\pi}{3}$$

结论:圆心角不变则弧长与半径的比值不变。

因此,比值的大小只与角的大小有关,我们可以利用这个比值来度量角,这就是度量角的另外一种单位制——弧度制。

 **知识宝库**

定义:长度等于半径长的弧所对的圆心角称为 1 弧度的角。它的单位符号是 rad,读作弧度。这种用"弧度"作单位来度量角的制度称为弧度制。

如图 5-1 所示,依次是 1 rad , 2 rad , 3 rad, α rad。

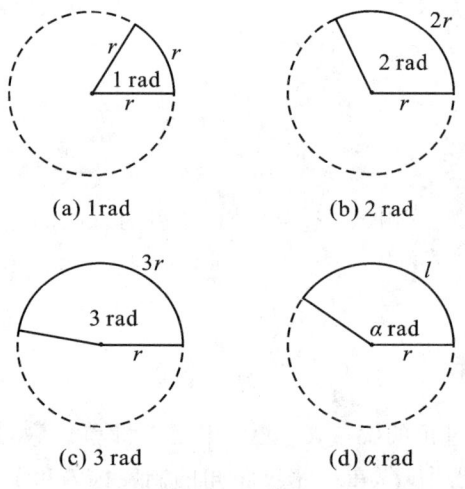

(a) 1 rad   (b) 2 rad

(c) 3 rad   (d) α rad

图 5-1   弧度角

 案例赏析

(1) 若弧是一个半圆,圆心角所对的弧度数是多少?若是一个圆呢?

从正数、负数、零方面去引导。

(2) 正角的弧度数是什么数?负角呢?零角呢?

(3) 在弧度制下,弧长的计算公式应该怎么写?$l = |\alpha| \cdot r$(l 为弧长,r 为半径)。

 **学以致用**

(1) 把下面各角由度换算成弧度。

180° = (   )   90° = (   )

45° = (   )   15° = (   )

60° = (   )   30° = (   )

120° = (   )   270° = (   )

(2) 把下面各角由弧度换算为度。

π = (   )   π/2 = (   )

π/4 = (   )   π/8 = (   )

2π/3 = (   )   π/3 = (   )

π/6 = (   )   π/12 = (   )

 **知识宝库**

(1) 在具体运算时,"弧度"二字和单位符号"rad"可以省略。如:3 表示 3 rad,sin π 表示 π rad 角的正弦。

(2) 一些特殊角的度数与弧度数的对应值应该记住,如表 5-1 所示。

表 5-1　特殊角的度数与弧度数

角度	0°	30°	45°	60°	90°	180°
弧度	0	π/6	π/4	π/3	π/2	π

(3) 应确立如下的概念:角的概念推广之后,无论用角度制还是弧度制都能在角的集合与实数的集合之间建立一种一一对应的关系,如图 5-2 所示。

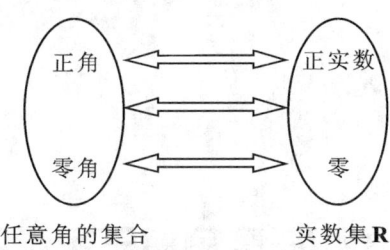

图 5-2　角的集合与实数的集合

 **小试牛刀**

(1) 把下面各角由度换算成弧度。

① 75° = (   )   ② −240° = (   )

③ 105° = (   )   ④ 67.5° = (   )

钩玄提要

角度制与弧度制之间怎样换算呢?

弧度制与角度制之间的互化

因 $360° = 2\pi$ rad

故 $180° = \pi$ rad

$1° = \dfrac{\pi}{180}$ rad

≈ 0.01745 rad

1 rad $= \left(\dfrac{180}{\pi}\right)°$

$\approx 57.30°$

$= 57°18'$

公式:

$\dfrac{\pi}{180} = \dfrac{\text{这个角的弧度数}}{\text{这个角的角度数}}$

（2）把下面各角由弧度换算为度。

① $\pi/15 = ($ $)$ ② $2\pi/5 = ($ $)$

③ $-4\pi/3 = ($ $)$ ④ $-6\pi = ($ $)$

 初露锋芒

（1）圆内一条弦的长度等于半径的长度，其所对的圆心角是不是 1 弧度的角？该圆心角等于多少度？将其换算成弧度。

（2）经过 1 小时，钟表的时针和分针各转过了多少度？将其换算成弧度。

（3）用弧度制表示：

① 终边在 x 轴上的角的集合：_____。

② 终边在 y 轴上的角的集合：_____。

③ 终边在坐标轴上的角的集合：_____。

 **百炼成钢**

某机械采用带传动，由发动机的主动轮带着工作机的从动轮转动。设主动轮 A 的直径是 100 mm，从动轮 B 的直径是 280 mm。问：主动轮转一周，从动轮转的角度是多少？

  解

5.3 任意角的三角函数

 **有的放矢**

本节重点学习任意角的三角函数的概念［理解］，会求函数值［应用］。要求同学们在 2 学时内完成。

 **案例赏析**

在图 5-3 所示的直角 $\triangle ABC$ 中，$\sin\alpha =$ _____、$\cos\alpha =$ _____、$\tan\alpha =$ _____。

将直角 $\triangle ABC$ 放在直角坐标系中，如图 5-4 所示，使得点 A 与坐标原点重合，AC 边在 x 轴的正半轴上。三角函数的定义可以写作：

$$\sin\alpha = \underline{\qquad}、\cos\alpha = \underline{\qquad}、\tan\alpha = \underline{\qquad}。$$

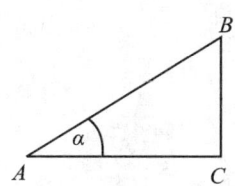

图 5-3　直角三角形

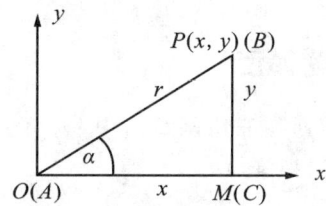

图 5-4　直角三角形在坐标系中

钩玄提要

将直角 $\triangle ABC$ 放在直角坐标系中，使得点 A 与坐标原点重合，AC 边在 x 轴的正半轴上。设点 P 的坐标为 (x,y)，r 为角终边上的点 P 到坐标原点的距离，则上面的三角函数定义可以写作：

$\sin\alpha = y/r$,
$\cos\alpha = x/r$,
$\tan\alpha = y/x$。

 **知识宝库**

一般地，设 α 是平面直角坐标系中的一个任意角，点 $P(x,y)$ 为角 α 终边上的任意一点，点 P 到原点的距离为 $r = \sqrt{x^2 + y^2}$，那么角 α 的正弦、余弦、正切分别定义为 $\sin\alpha = y/r$，$\cos\alpha = x/r$，$\tan\alpha = y/x$。对每一个确定的角 α 的值，其正弦、余弦、正切分别对应一个确定的比值。因此，正弦、余弦、正切都是以 α 为变量的函数，分别称为正弦函数、余弦函数及正切函数，它们都是三角函数。$\sin\alpha$ 的定义域为 $\mathbf{R}$，$\cos\alpha$ 的定义域为 $\mathbf{R}$，$\tan\alpha$ 的定义域为 $\{\alpha \mid \alpha \neq 90° + 90°k, k \in \mathbf{Z}\}$。在弧度制下，$\alpha$ 的度量值是一个实数，因此，三角函数是以实数为自变量的函数。

钩玄提要

$\sin\alpha = y/r$，$\cos\alpha = x/r$，$\tan\alpha = y/x$。通过定义可以确定出各象限角的正负号；$\sin\alpha$ 在一、二象限为正，在三、四象限为负；$\cos\alpha$ 在一、四象限为正，在二、三象限为负；$\tan\alpha$ 在一、三象限为正，在二、四象限为负。

 **学以致用**

（1）已知角 α 的终边上的点 P 的坐标如下，分别求出角的正弦、余弦、正切值。

$P(3, -4)$：_____，_____，_____。

$P(-1, 2)$：_____，_____，_____。

$P(1/2, 1/2)$：_____，_____，_____。

（2）判断下列角的各三角函数值的正负号。

$4327°$：_____，_____，_____。

$27\pi/5$：_____，_____，_____。

（3）根据 $\sin\alpha > 0$ 且 $\tan\alpha < 0$，确定 α 是第几象限角。

同学们可以根据上述知识自制一份表格，要能清楚反映任意角在不同象限中的不同三角函数的符号。

 小试牛刀

判断下列角的各三角函数值的正负号。

① 525°：＿＿＿＿＿＿＿，＿＿＿＿＿＿＿，＿＿＿＿＿＿＿。

② －235°：＿＿＿＿＿＿＿，＿＿＿＿＿＿＿，＿＿＿＿＿＿＿。

③ 19π/6：＿＿＿＿＿＿＿，＿＿＿＿＿＿＿，＿＿＿＿＿＿＿。

④ －3π/4：＿＿＿＿＿＿＿，＿＿＿＿＿＿＿，＿＿＿＿＿＿＿。

 初露锋芒

(1) 下列各三角函数值中，为负值的是（　　）。

A. $\sin(1100°)$　　　　　　　　B. $\cos(-3000°)$

C. $\tan(-115°)$　　　　　　　　D. $\tan 5\pi/4$

(2) 计算 $3\sin 270° + 2\cos 180° - \cos 90° + \tan 0°$。

 **百炼成钢**

(1) 判断下列角的各三角函数值的正负号。

① －26°：＿＿＿＿＿＿＿，＿＿＿＿＿＿＿，＿＿＿＿＿＿＿。

② 850°：＿＿＿＿＿＿＿，＿＿＿＿＿＿＿，＿＿＿＿＿＿＿。

③ －3000°：＿＿＿＿＿＿＿，＿＿＿＿＿＿＿，＿＿＿＿＿＿＿。

④ 588°：＿＿＿＿＿＿＿，＿＿＿＿＿＿＿，＿＿＿＿＿＿＿。

(2) 设 $\cos\alpha < 0$ 且 $\tan\alpha \leqslant 0$，确定角 α 的位置。

(3) 设 $\tan\alpha = 1$，且 α 为第一象限角，求 $\sin\alpha$ 与 $\cos\alpha$。

(4) 设 $\sin\alpha < 0$，$\tan\alpha > 0$，则角 α 是（　　）。

(5) 计算 $5\sin\dfrac{\pi}{2} + 2\cos 0 - \dfrac{4}{5}\tan\pi - \dfrac{2}{3}\sin\dfrac{3\pi}{2} + 4\tan 2\pi$。

(6) 判断下列角的各三角函数值的正负号。

① $-5\pi/7$：_____，_____，_____。

② $8\pi/3$：_____，_____，_____。

③ $-26°$：_____，_____，_____。

④ $850°$：_____，_____，_____。

(7) 根据下列条件确定 α 是第几象限角。

① $\sin\alpha > 0$，且 $\cos\alpha < 0$：_____。

② $\tan\alpha < 0$，且 $\cos\alpha < 0$：_____。

* 5.4 解斜三角形

有的放矢

在日常生活中所遇到的边角问题不都是直角三角形,如果所遇到的不是直角三角形又该如何去解决呢?有兴趣的同学来学习两个定理[重点]—— 正弦定理与余弦定理[理解]。

案例赏析

在 $\triangle ABC$ 中,$AB = 6$,$AC = 8$,$\angle C = 50°$,求 BC 的长及另外两个角的大小。

很显然,这个题目利用前面所学的解直角三角形的办法是很难解决的,下面我们来介绍正弦定理和余弦定理。

知识宝库

正弦定理:a,b,c 分别是 $\triangle ABC$ 中 $\angle A$、$\angle B$、$\angle C$ 所对应的边,则有

$$\frac{a}{\sin A} = \frac{b}{\sin B} = \frac{c}{\sin C}$$

学以致用

已知在 $\triangle ABC$ 中,$c = 10$,$A = 45°$,$C = 30°$,求 a,b 和 B。

解　因　　　　　　　$c = 10,A = 45°,C = 30°$

故　　　　　　　　　$B = 180° - (A + C) = 105°$

由 $\dfrac{a}{\sin A} = \dfrac{c}{\sin C}$,得

钩玄提要

它可以解决:

1. 已知两角和任意一条边,求其他两条边和角;

2. 已知两条边和其中一条边对应的角,求另外两角和边。

请大家想一想上述题目该如何去解?

$$a = \frac{c \sin A}{\sin C} = \frac{10 \times \sin 45°}{\sin 30°} = 10\sqrt{2}$$

由 $\frac{b}{\sin B} = \frac{c}{\sin C}$,得

$$b = \frac{c \sin B}{\sin C} = \frac{10 \times \sin 105°}{\sin 30°} = 20 \sin 75° = 5\sqrt{6} + 5\sqrt{2}$$

 **小试牛刀**

(1) 在 $\triangle ABC$ 中,$\angle A = 45°$,$\angle B = 30°$,$b = 5$,求 a,c 及 $\angle C$。

解

(2) $\triangle ABC$ 中,$c = \sqrt{6}$,$\angle A = 45°$,$a = 2$,求 b 和 $\angle B$,$\angle C$。

解

 **知识宝库**

余弦定理:a,b,c 分别是 $\triangle ABC$ 中 $\angle A$,$\angle B$,$\angle C$ 的对边,则

$$c^2 = a^2 + b^2 - 2ab \cos C$$
$$a^2 = b^2 + c^2 - 2bc \cos A$$
$$b^2 = a^2 + c^2 - 2ac \cos B$$

 **学以致用**

已知 $\triangle ABC$ 的三边长分别为 $\sqrt{7}$、2、1,求该三角形的最大内角。

解 不妨设三角形的三边分别为 $a = \sqrt{7}$,$b = 2$,$c = 1$,则最大内角为 $\angle A$,由余弦定理得

$$\cos A = \frac{1^2 + 2^2 - (\sqrt{7})^2}{2 \times 2 \times 1} = -\frac{1}{2}$$

故最大角为 $\angle A = 120°$

 小试牛刀

(1) 已知 $b = 4$,$c = 8$,$\angle C = 60°$ 求边 a。

解

(2) 在 $\triangle ABC$ 中,已知 $a = 7, b = 10, c = 6$,判定 $\triangle ABC$ 的形状。

 初露锋芒

(1) 在 $\triangle ABC$ 中,$b = \sqrt{3}$,$\angle B = 60°$,$c = 1$,求 a 和 $\angle A$,$\angle C$。

(2) 在 $\triangle ABC$ 中,若 $\angle B = 60°$,$b = 7\sqrt{6}$,$a = 14$,则 $\angle A = $ _____。

(3) 在 $\triangle ABC$ 中,已知 $a = \sqrt{3}$,$b = \sqrt{2}$,$\angle B = 45°$,解三角形。

(4) 在 $\triangle ABC$ 中,$a = 3$,$b = \sqrt{7}$,$c = 2$,那么 $\angle B$ 等于( )
A. 30°   B. 45°   C. 60°   D. 120°

(5) 在 $\triangle ABC$ 中,若 $AB = \sqrt{5}$,$AC = 5$,且 $\cos C = \dfrac{9}{10}$,则 $BC = $ _____。

 **百炼成钢**

(1) 在 $\triangle ABC$ 中,已知 $\angle B = 45°$,$c = 2\sqrt{2}$,$b = \dfrac{4\sqrt{3}}{3}$,则 $\angle A$ 的值是
( )。
A. 15°   B. 75°   C. 105°   D. 75° 或 15°

(2) 在 $\triangle ABC$ 中,$\angle B = 60°$,$b^2 = ac$,则 $\triangle ABC$ 一定是( )。
A. 锐角三角形   B. 钝角三角形   C. 等腰三角形   D. 等边三角形

 趣味阅读

几则关于三角函数的笑话,需要点儿智商才能看懂呀!欢迎大家踊跃解析
笑点!

(1)sin 对 cos 说:虽然我们相爱了,但我总是感觉不对。

cos 说:哪里不对呢?sin 说:我总觉得我们是在三角恋。

(2)sin 的爸爸问 sin 的妈妈:sin 现在正交的女朋友是谁啊?

sin 的妈妈说:sin 正交的应该是 cos 吧。

(3)sin 对 cos 说:我除了你,心中还有一个人。

cos 生气地说:她是谁?

sin 说:tan。

(4)sin 对 cos 说:买这么一大堆衣服,你这是想玩儿什么啊? cos 说:我这
是想玩儿 cosplay。

(5)cos 问 sin:sin 兄,我是你的什么啊?

sin 说:你是我的 alpha。

cos 撒娇说:啊?原来我是希腊字母啊!

sin 说:这样,我就可以把你抱在括号里了。

解析:三角函数的参数为角度,角度一般用 α 表示,例:$\sin \alpha$。

项目六

常用数学知识

逻辑学家金岳霖

　　现实世界中存在着许许多多的逻辑关系,它是一个深奥而又普遍存在的关系,学习它可以培养人的思维的缜密性,增强明辨是非的能力。本单元只是简单介绍一下充要条件的有关知识,为今后学习数学知识奠定基础,培养学生的数学思维能力。

6.1 充 要 条 件

 **有的放矢**

　　充要条件是一个难度较大的内容。本单元只要求了解什么是充分条件、必要条件、充要条件[了解]，能够判断条件与结论之间的关系即可[应用]。要求同学们在 1 学时内完成。

 **案例赏析**

钩玄提要

　　充分条件可以这样理解：之所以称为充分条件是指有了这一个条件就已能充分说明结论成立了；必要条件是指如结论成立，则条件是必须成立的，即这条件是必要的。

　　（1）由条件"$a=b$"可以推出"$a^2=b^2$"成立；

　　（2）由条件"$a^2=4$"推出"$a=2$"不一定成立，因为有可能"$a=-2$"。

　　分析：一般条件记为 p，结论记为 q，条件（1）成立并能推出结论成立，即有了这个条件就能充分说明结论成立，所以像这样的关系就称条件是结论的充分条件，记作"$p\Rightarrow q$"。条件（1）可以这样表示：条件 $p:a=b$，结论 $q:a^2=b^2$，且 $p\Rightarrow q$。条件（2）不能推出结论，但结论"$a=2$"成立，则条件"$a^2=4$"就必须成立，也是必要的，像这样由结论推出条件成立的关系就称为必要条件，条件（2）可这样表示：条件 $p:a^2=4$，结论 $q:a=2$，且 $p\Leftarrow q$。

 学以致用

　　（1）结合现实生活，你能对上述条件各举两个例子吗？

　　充分条件：

　　_____。

　　必要条件：

　　_____。

　　（2）指出下列各组条件与结论中，条件 p 是结论 q 的什么条件。

　　① $p:x=1,q:x^2=1$：_____。

　　② $p:a>5,q:|a|>5$：_____。

　　③ $p:a<5,q:a<2$：_____。

　　④ $p:x^2>9,q:x>3$：_____。

 **知识宝库**

　　充分条件：由条件成立推出结论成立的，我们把这样的条件称为结论的充分条件。

必要条件:由结论成立推出条件成立的,我们把这样的条件称为结论的必要条件。

充要条件:由条件成立可推出结论成立,同时又可由结论成立推出条件也成立,我们把这样的条件称为结论的充分且必要条件,简称充要条件,充要条件可记作"$p \Leftrightarrow q$"。

 案例赏析

分析下列各条件与结论的关系。

① $p: a > b, q: a - b > 0$

解　　是_____条件,理由_____。

② $p: x \in \mathbf{R}, q: (x - 8) \in \mathbf{R}$

解　　是_____条件,理由_____。

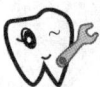 **小试牛刀**

下列各组条件与结论中,条件是结论的什么条件?

① p:三好学生,q:学习好

解

② $p: a > 0, b > 0, q: ab > 0$

解

钩玄提要

充要条件要点:条件与结论互推同时成立。

 初露锋芒

下列各组条件与结论中,条件是结论的什么条件?

① $p: xy > 6, q: x > 3, y > 2$

解

② $p: a > b, q: a + c > b + c$

解

 **百炼成钢**

下列各组条件与结论中,条件是结论的什么条件?

① $p: a = y, q: a^2 = y^2$

解

② $p: x > 4, y > 3, q: x + y > 7$

解

③ p:甲是乙的父亲,q:乙是甲的子女

解

6.2 数字的大写

 **有的放矢**

本节重点学习零到拾这十一个大写数字的书写[掌握]，并能将一组阿拉伯数字换成大写数字表示[应用]。要求同学们在 1 学时内完成。

 **案例赏析**

试着将下列数字换成大写。

① 用大写表示 0 ~ 10 这 11 个数：

_____。

② 157：_____。

③ 489：_____。

④ 306：_____。

 **知识宝库**

钩玄提要

要想将一组阿拉伯数字换成大写数字，必须先会写基本的大写数字。

各种数字书写形式的基本码如表 6-1 所示，大数码如表 6-2 所示。

表 6-1　基本码

基　本　码	小写数字	大写数字
9	九	玖
8	八	捌
7	七	柒
6	六	陆
5	五	伍
4	四	肆
3	三	叁
2	二	贰
1	一	壹
0	零(0)	零

表 6-2 大数码

数 码	小 写 数 字	大 写 数 字	读 音
10	十	拾	
20	二十	廿	nian
30	三十	卅	sa
40	四十	卌	xi
100	百	佰	
200	二百	皕	bi
1000	一千	仟	
10000	一万	萬	

 **学以致用**

将下列数字改成大写。

① 1203：_____。

② 431：_____。

③ 20457：_____。

④ 15007：_____。

 **案例赏析**

观察银行开出的一张支票票样，然后试着用大写数字表示下面列出的人民币值。

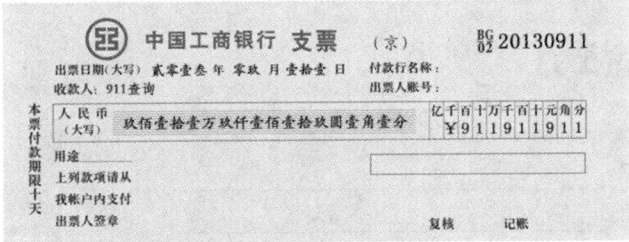

假设以下数据是人民币（单位为元），写出其中文大写形式。

① 12578 _____。

② 345.60 _____。

③ 14.56 _____。

④ 13679.02 _____。

⑤ 47002 _____。

 **知识宝库**

人民币大写数字注意事项

中文大写金额数字应用正楷或行书填写,如壹、贰、叁、肆、伍、陆、柒、捌、玖、拾、佰、仟、万、亿、元、角、分、零、整(正)等字样,不得用一、二(两)、三、四、五、六、七、八、九、十、廿、毛、另(或 0)填写,不得自造简化字。如果大写数字一到十书写中使用繁体字,也应受理。

(1)中文大写金额数字到"元"为止的,在"元"之后,应写"整"(或"正")字,在"角"之后,可以不写"整"(或"正")字。

(2)中文大写金额数字前应标明"人民币"字样,大写金额数字里有"分"的,"分"后面不写"整"(或"正")字。

(3)大写金额数字应紧接"人民币"字样填写,不得留有空白。大写金额数字前未印"人民币"字样的,应加填"人民币"三字。在票据和结算凭证大写金额栏内不得预印固定的"仟、佰、拾、万、仟、佰、拾、元、角、分"字样。

(4)阿拉伯数字小写金额数字中有"0"时,中文大写应按照汉语语言规律、金额数字构成和防止涂改的要求进行书写。

 学以致用

用大写数字表示下列列出的人民币(单位为元)数额。

① 2124:_____。

② 427:_____。

③ 72438.12:_____。

④ 20801:_____。

 小试牛刀

用大写数字表示下列数据。

① 53067:_____。

② 24893:_____。

 初露锋芒

用大写数字表示以下列出的人民币。

① 9103:_____。

② 78.01:_____。

百炼成钢

(1) 0～10 这 11 个数用大写数字抄写 5 遍：

(2) 将以下数据改为大写。

① 1468：_____。

② 792：_____。

③ 364：_____。

④ 508：_____。

(3) 假设以下数字是人民币数额，请用大写数字表示。

① 24.07：_____。

② 60067：_____。

③ 9256：_____。

④ 13695：_____。

知识宝库

数学常用单位换算。

1) 长度单位换算

1 米 ＝ 10 分米   1 分米 ＝ 10 厘米

1 厘米 ＝ 10 毫米   1 米 ＝ 100 厘米

1 米 ＝ 3 尺   1 尺 ＝ 10 寸

2) 面积单位换算

1 平方千米 ＝ 100 公顷   1 平方米 ＝ 100 平方分米

1 平方分米 ＝ 100 平方厘米   1 平方厘米 ＝ 100 平方毫米

1 公顷 ＝ 10000 平方米

3) 体(容) 积单位换算

1 立方米 ＝ 1000 立方分米   1 立方分米 ＝ 1000 立方厘米

1 立方米 ＝ 1000 升   1 立方分米 ＝ 1 升

1 立方厘米 ＝ 1 毫升

4) 重量单位换算

1 吨 ＝ 1000 千克   1 千克 ＝ 1000 克

1 千克 ＝ 1 公斤   1 公斤 ＝ 2 斤

1 斤 ＝ 10 两   1 两 ＝ 10 钱

5) 人民币单位换算

1 元 ＝ 10 角   1 角 ＝ 10 分   1 元 ＝ 100 分

趣味阅读

生 与 死

从前,在某个国家里有这样一个习俗,每个被判处死刑的犯人,在处死前要抽一次签,这是他起死回生的最后一次希望。做法是这样的:在一个匣子里放着两张纸签,一张上写着"生";另一张上写着"死"。如果犯人抽出的是写着"生"的一张,那么他就获得了赦免;如果他抽出的是写着"死"的纸签,那他就倒霉,被立即处死。

这个国家的国王手下的两个大臣:一个好,一个坏。坏大臣为了独自掌权,总想把好大臣害死,于是他经常在国王面前讲好大臣的坏话。国王偏听偏信,决定用抽签的办法来处置好大臣。坏大臣决定一不做二不休,堵死好大臣的最后一条生路。

在抽签的前一天夜里,坏大臣逼着做签的人把两个签都写成"死"字,这样,好大臣无论抽到哪一张,都难免一死。坏大臣以为这样做一定万无一失。坏大臣走后,做签的人偷偷地给好大臣送了信,告诉他这一情况,请好大臣自己想办法。好大臣听后,沉思了一会,要求做签人严守秘密,一定要把坏大臣所逼做的两个"死"签原封不动的保护好,并请做签的人放心,到时他必将获救。

第二天早上,当国王命令好大臣抽签时,好大臣毫不犹豫地抽出一签,并马上就把纸签吞了下去。国王不知道他吞下的是什么签,就必须而且只能从匣子里取出剩下的那张纸签,上面写着"死"。国王想:既然一张是"生",一张是"死",留下的一张是"死",吞下去的那张一定是"生"了。于是国王只好让好大臣活下去了。坏大臣本来认为好大臣必死无疑的,结果事与愿违,帮助好大臣逃脱了死亡。

好大臣死里逃生的办法,从逻辑上讲就是根据排中律的原理想出来的。"生"签和"死"签是相互矛盾的。按照排中律的规定,不能对两者同时给予否定。国王既然根据从匣子里取出来的那张是"死"签,即否定"生",就不能同时否定被吞下去的那张签写的是"生",即必须承认它是"生"签,从而使好大臣得救。这个办法体现了好大臣的智慧和较强的逻辑思维能力。

项目七

生活数学

　　生活中处处有数学,数学来源于生活,又应用于生活。数学家华罗庚说过:宇宙之大,粒子之微,火箭之速,化工之巧,地球之变,日用之繁,无处不用数学。这是对数学与生活的精彩描述。我国古代教育家孔子说过:"知之者不如好之者,好之者不如乐之者。"兴趣才是最好的老师。现代心理学的研究也表明,学习兴趣的大小直接影响学习的效果。为了使同学们树立学好数学的信心,激发学习数学的兴趣,我们编写了"生活数学",旨在告诉同学们数学并不是枯燥的、乏味的、抽象的,而是充满了生活情趣的。

7.1 生活常识

有的放矢

本节重点学习日常生活中的数学问题[应用]。要求同学们在 3 学时内完成。

案例赏析

在生活中我们常遇到一些有趣的数学题,这些题充满着智慧和情趣,它既反映了劳动人民的生活,也反映了数学的生命源泉。

请你写出解决此问题的方法:

(1)国庆长假到了,大家都赶时间,火车站旁有一小餐馆,来了三个人要买饼吃了赶火车,限时 17 min,厨师们说没办法,因为烙熟一个饼的两面各要 5 min,一口锅一次只能放两只饼,三只饼要 20 min 才能烙熟,店里只有一口锅能烙。不再借助其他条件帮助,你能帮忙解决此问题吗?

(2)"烧水泡茶" 有五道工序:烧开水(15 min)、洗茶壶(2 min)、洗茶杯(1 min)、拿茶叶(1 min)、泡茶(1 min)。

烧开水、洗茶壶、洗茶杯、拿茶叶是泡茶的前提。

方法 1　第一步:烧水;

　　　　第二步:水烧开后,洗刷茶壶、茶杯,拿茶叶;

　　　　第三步:泡茶。

方法 2　第一步:烧水;

　　　　第二步:烧水过程中,洗刷茶壶、茶杯,拿茶叶;

　　　　第三步:水烧开后泡茶。

让学生比较这两个方法有何不同,并分析哪个方法更优。

① 工序安排不同

甲:＿＿＿＿＿＿＿＿＿＿＿＿＿＿＿＿＿。

乙:＿＿＿＿＿＿＿＿＿＿＿＿＿＿＿＿＿。

丙:＿＿＿＿＿＿＿＿＿＿＿＿＿＿＿＿＿。

请你将以上甲、乙、丙三人的不同工序完成。

② 花的时间不同

甲:16 min。

乙:20 min。

丙:20 min。

可见掌握了数学,在生活中很有用处。

你能帮忙分一下吗?

(3)从前,有一位老人养了 11 头羊,去世前立下遗嘱:大儿子、二儿子、小儿子分别继承 1/2,1/4,1/6,且不能杀羊。三个儿子在老人去世后,无论怎么也分不了。咋办?

学以致用

(1)一个家庭有17本书,老人为了孙子们有好好学习的习惯,决定分给三个孙子,大孙子分二分之一,二孙子分三分之一,其余的是小孙子的,该怎么分?

解

(2)小王有三本诗集,三本诗集中诗的数目不尽相同,全部诗的五分之一在第一本上,N除以8(N为三本诗集的诗的总数,为非零自然数)在第二本上,剩余的39首在第三本上。小王的三本书有多少首诗?

解

(3)去年夏天某日,一个卖西瓜的人在不停地叫卖:"1个大西瓜9元钱,买3个小的也是9元钱。"这时过来一位细心的顾客,他拿了两种西瓜,目测大西瓜直径约8寸,小西瓜直径约5寸。

可是他也犯了难,到底买哪种更合算呢?让我们来帮帮他吧!

解

案例赏析

(1)两个男孩各骑一辆自行车,从相距20 km的两个地方,开始沿直线相向骑行。在他们起步的那一瞬间,一辆自行车车把上的一只苍蝇,开始向另一辆自行车径直飞去。它一到达另一辆自行车车把,就立即转向往回飞行。这只苍蝇如此往返,在两辆自行车的车把之间来回飞行,直到两辆自行车相遇为止。如果每辆自行车都以10 km/h的等速前进,苍蝇以15 km/h的等速飞行,那么,苍蝇总共飞行了多少公里?

解

钩玄提要

上述几题是我们在生活中常见的问题,学习数学的目的就是为了解决生活中的问题,使人们生活得更愉快充实。数学来源于生活,更要为生活服务。

(2) 农闲时,张恒水头戴一顶大草帽,坐在划艇上在家前的河中钓鱼。河水的流动速度是 3 km/h,他的划艇以同样的速度顺流而下。"我得向上游划行几公里,"他自言自语道,"这里的鱼儿不愿上钩!"正当他开始向上游划行的时候,一阵风把他的草帽吹落到船旁的水中。但是,张恒水并没有注意到他的草帽丢了,仍然向上游划行。直到船与草帽相距 5 km 的时候,他才发觉草帽丢了。于是他立即掉转船头,向下游划去,终于追上了他那顶在水中漂流的草帽。在静水中,张恒水划行的速度总是 5 km/h。在他向上游或下游划行时,一直保持这个速度不变。当然,这并不是他相对于河岸的速度。例如,当他以 5 km/h 的速度向上游划行时,河水将以 3 km/h 的速度把他向下游拖去,因此,他相对于河岸的速度仅是 2 km/h;当他向下游划行时,他的划行速度与河水的流动速度将共同作用,使得他相对于河岸的速度为 8 km/h。

如果张恒水是在下午 3 时丢失草帽的,那么他找回草帽是在什么时候?

解

 **学以致用**

钩玄提要

这几题是关于距离、速度、时间的问题,又加入了生活的常识,要注意初中学的应用问题,其实,只要稍加分析,答案明显。

(1) 一架飞机从 A 城飞往 B 城,然后返回 A 城。在无风的情况下,它整个往返飞行的平均地速(相对于地面的速度)为 100 km/h。假设沿着从 A 城到 B 城的方向笔直地刮着一股持续的大风。如果在飞机往返飞行的整个过程中发动机的速度同往常完全一样,这股风将对飞机往返飞行的平均地速有何影响?章三先生论证道:"这股风根本不会影响平均地速。在飞机从 A 城飞往 B 城的过程中,大风将加快飞机的速度,但在返回的过程中大风将以相等的数量减缓飞机的速度。""这似乎言之有理,"黎四先生表示赞同,"但是,假如风速是每小时 100 公里。飞机将以每小时 200 公里的速度从 A 城飞往 B 城,但它返回时的速度将是零!飞机根本不能飞回来!"你能解释这似乎矛盾的现象吗?

解

(2) 有几个小孩在树林采了 100 根香蕉堆成一堆,小孩们的家离香蕉堆 50 米,小孩们打算把香蕉背回家,每次最多能背 50 根,可是小孩们嘴馋,每走一米要分吃一根香蕉,问小孩们最多能背回家几根香蕉?

解

（3）一个家长为了考孩子的智力和学数学的潜力，叫他到一个池塘里去打水，池塘里面有很多的水。家长要小孩拿了 2 个空水壶，容积分别为 5 升和 6 升。问题是只能用这 2 个水壶从池塘里取得 3 升的水。请你帮忙给想个办法。

解

 **学以致用**

（1）有 27 颗珍珠，其中一颗是假的，但外观和真的一样，只是比真的珍珠轻一点。问：最少用天平称几次（不用砝码），就一定可以把假的珍珠找出来？

解

（2）王二喜欢开玩笑，有一天他去市场上买东西，看到一个年轻人在卖花生，便问卖多少钱一斤，青年说一元一斤，王二说："我买一百斤，可有个条件，你把花生仁和皮分开卖给我，一斤花生算半斤仁半斤皮，各算五角钱，你也不吃亏。"

青年想想在理，就同意了。王二说："一百斤花生五十斤仁，五五二十五元，五十斤皮，五五二十五元，一共是五十元，对不？我去转一下，等会来买，你给准备好。"青年一算，说行，我就等着你老先生来。王二走后，青年总觉得不合适，一百斤花生应该卖一百元，咋就只有五十元呢？算算又没错呀，五五二十五，五五二十五，加一起是五十元啦，百思不解。没法时就想溜，我惹不起还躲不起吗？正准备走，王二来拿花生了，青年苦着脸说不卖了，钱不对。王二哈哈大笑，说出了钱少了的原因。你能说出王二说的原因吗？

解

 **小试牛刀**

（1）王二用玻璃缸养红茶菌，若菌膜每天可以长大一倍，则 7 天就可以把整个玻璃缸液面覆盖。问：菌膜长到玻璃缸液面的一半时，需要几天？

解

（2）秦树和吴辛是班上两个数学成绩好的学生，又是好玩伴，二人各说了一个数学问题，要对方回答，结果都答对了，你知道答案吗？秦树说的是：某个数自乘 5 次，减去自己，必能被 30 整除，为何？吴辛说：我有一个数乘 5，再加自已,也能被 30 整除,是哪个数?

解

 初露锋芒

（1）某校学生搞义务劳动,在帮图书室搬书的过程中,有一捆书,王大拿想数数有多少本,他两本两本地数,三本三本地数,四本四本地数,五本五本地数,六本六本地数,结果都余一本,而七本七本地数时刚好数尽,你知道这捆书有多少本吗?

解

（2）张峡、王江、李育三人在旱冰场滑冰,张峡最慢,他滑一圈时,王江可以滑 $1\frac{1}{2}$ 圈,李育可以滑 $1\frac{1}{3}$ 圈。若他们三人同时同地出发,你知道张峡滑多少圈后三人再次相遇吗?

解

 **百炼成钢**

（1）小明看着自己的成绩表预测:如果下次数学考试 100 分,那么总平均分是 91 分,如果下次考 80 分,那么数学总平均成绩是 86 分,小明数学统计表已经有几次考试?

解

（2）小赵、小钱、小孙、小李 4 人讨论一场足球赛决赛究竟是哪个队夺冠。小赵说:"D 队必败,而 C 队能胜。"小钱说:"A 队、C 队胜与 B 队败会同时出现。"小孙说:"A 队、B 队、C 队都能胜。"小李说:"A 队败,C 队、D 队胜的局面明显。"

他们的话中已说中了哪个队取胜,请问你能猜出究竟是哪个队夺冠吗?

解

7.2 生 活 数 学

 **有的放矢**

本节内容主要是集合等数学知识在生活中的应用[应用]。要求同学们 2 学时内完成。

 **案例赏析**

(1) 班上举行野外活动,决定中午搞野炊,分配一组前六个同学带锅、铲、油、盐、白菜、鸡蛋,后六个同学带白菜、萝卜、佐料、辣椒、水、鸡蛋;二组和三、四组的同学也照此带东西。每组一共带了多少种东西呢?回答带了十二(6 + 6)种,显然就不对了。从集合的角度考虑问题,应是这样的:用集合 A、B 分别表示每组带的东西,就有 A = {锅、铲、油、盐、白菜、鸡蛋}、B = {白菜、萝卜、佐料、辣椒、水、鸡蛋}。

同学们一共带了多少种东西?(求 $A \bigcup B$)

(2) 学校举办一次计算机录入竞赛,某班有 10 名同学参赛,一次电子元件组装竞赛,此班有 12 人参赛。两次竞赛都参赛的同学有 4 人,两次竞赛中,此班共有多少名同学参赛?

分析:设 A 为计算机录入竞赛参赛的学生的集合,B 为电子元件组装竞赛参赛的学生的集合,那么 $A \bigcap B$ 就是两次竞赛都参加的学生的集合。

解 设 A = {计算机录入参赛的学生},有 10 人

B = {电子元件组装参赛的学生},有 12 人

$A \bigcap B$ = {两次竞赛都参赛的学生},有 4 人

$A \bigcup B$ = {所有参赛的学生},有 _____ 人

答 两次竞赛中,这个班共有 _____ 名同学参赛。

此题还可以用韦恩图解的方法做,同学们自己思考。

(3) 团县委决定在五四青年节组织一场晚会,某校决定共派 16 人去参加,其中跳舞的有 9 人,参加小合唱的有 12 人。有多少人既参加了小合唱又参加了跳舞?

学以致用

(1)学校培训中心举办计算机动漫设计和英语口语培训班,旅游部有 90 人参加培训,计算机动漫设计考试合格的有 66 人,英语口语合格的有 56 人,两科考试都合格的有 42 人,问两科都不合格的有多少人?

(2)某校初一有甲、乙、丙三个班,甲班比乙班多 4 个女生,乙班比丙班多 1 个女生,如果将甲班的第一组同学调入乙班,同时将乙班的第一组同学调入丙班,将丙班的第一组同学调入甲班,则三个班的女生人数恰好相等。已知丙班第一组有 2 名女生,问甲、乙两班第一组各有多少女生?

 **知识宝库**

(1)距离 = 时间 × 速度;

(2)用 $n(x)$ 表示集合元素的个数,则 $n(A \bigcup B) = n(A) + n(B) - n(A \bigcap B)$。

 小试牛刀

有两根均匀的香,每根可燃烧一个小时,问在不借助其他测量工具时,怎样知道烧了 15 分钟?

 **百炼成钢**

(1)图书室有 100 本书,借阅图书者需要在图书借书卡上签名。已知在 100 本书中有甲、乙、丙签名的分别有 33、44 和 55 本,其中同时有甲、乙签名的图书为 29 本,同时有甲、丙签名的图书有 25 本,同时有乙、丙签名的图书有 36 本。问这批图书中最少有多少本没有被甲、乙、丙中的任何一人借阅过?

（2）用黑、白两种颜色的皮块缝制而成的足球，黑色皮块是正五边形，白色皮块是正六边形，若一个球上共有黑白皮块 32 块，请计算，黑色皮块和白色皮块的块数。

趣味阅读

韩 信 点 兵

韩信点兵又称为中国剩余定理，相传汉高祖刘邦问大将军韩信统御兵士多少，韩信答说，每 3 人一列余 1 人、5 人一列余 2 人、7 人一列余 4 人、13 人一列余 6 人 ……。刘邦茫然而不知其数。

我们先考虑下列的问题：假设兵不满一万，每 5 人一列、9 人一列、13 人一列、17 人一列都剩 3 人，则兵有多少？

首先我们求 5、9、13、17 之最小公倍数 9945（注：因为 5、9、13、17 为两两互质的整数，故其最小公倍数为这些数的积），然后再加 3，得 9948。

7.3   方程与函数的应用

有的放矢

本节重点内容是方程与函数在日常生活中的应用［掌握］。要求同学们在 4 学时内完成。

 **案例赏析**

（1）某书店老板去批发市场购买某种图书,第一次购书用100元,按该书定价2.8元出售,并很快售完。由于该书畅销,第二次购书时,每本的批发价已比第一次高0.5元,用去了150元,所购书数量比第一次多10本,当这批书售出4/5时,出现滞销,便以定价5折售完剩余的图书。试问该老板第二次是赔钱了,还是赚钱了(不考虑其他因素)?若赔钱,赔多少?若赚钱,赚多少?

解

（2）某县甲、乙两座仓库分别有化肥12吨和6吨。现需要调往a镇10吨,调往b镇8吨。已知从甲仓库调运一吨化肥到a镇和b镇的运费分别为40元和80元;从乙仓库调运一吨化肥到a镇和b镇的运费分别为30元和50元。

① 设从甲仓库调往a镇 x 吨,求总运费 y 关于 x 的函数关系式;

解

② 要求总运费不超过900元,问共有几种调运方案?

方案一:_____。

方案二:_____。

方案三:_____。

求出总运费最低的调运方案,最低运费是多少元?

解

 **学以致用**

（1）某公司在A、B两地分别有库存机器16台和12台。现在要运输到甲、乙两地,其中甲地15台,乙地13台。从A地运一台到甲地要500元,到乙地要400元;从B地运一台到甲地要300元,到乙地要600元。怎么运输,才能使机器总运费最省?

解

（2）A 城有肥料 300 吨，B 城有肥料 200 吨。现要把这些肥料全部运往 C、D 两乡。从 A 到 C、D 运费分别为每吨 20 元和 25 元；从 B 到 C、D 分别为每吨 15 元和 24 元，现在 C 需要 240 吨，D 需要 260 吨。怎么调运总运费最少？

解

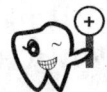 **案例赏析**

（1）某宾馆有客房 100 间，每间客房的日租金为 100 元，每天都客满。装修后欲提高租金，经调查，一间客房的日租金每增加 10 元，则客房每天少租 6 间，不考虑其他因素，每间客房的日租金提高到多少元时，客房的日租金总收入最高？比装修前的日租金的总收入增加多少元？

解

（2）已知孙刚家的小货摊卖的拖鞋进货单价为 8 元，如果按 10 元一双销售时，每天可售出 10 双，若销售价格每上涨 1 元，则日销售量就减少 1 双。为了争取最大利润，此拖鞋的售价应定为多少元？

解

钩玄提要

请同学们自己讨论一下，解决这类问题只要建立什么函数，求其最值就行了。

 **学以致用**

某商城以每件 40 元的价格购进一种商品，试销中发现这种商品每天的销售量 n（件）与每件的销售价 x（元）满足一次函数：$n = 282 - 5x$。

（1）写出商场卖这种商品每天的销售利润 y 与每件的销售价 x 之间的函数关系式。

（2）如果商场想要每天获得最大的销售利润，每件商品的销售定价定为多少最合适？最大销售利润为多少？

解

案例赏析

如图 7-1 所示，甲船在港口 P 的北偏西 $60°$ 方向，距港口 80 海里的 A 处，沿 AP 方向以 12 海里／时的速度驶向港口 P。乙船从港口 P 出发，沿北偏东 $45°$ 方向匀速驶离港口 P，现两船同时出发，2 小时后乙船在甲船的正东方向。求乙船的航行速度。

解

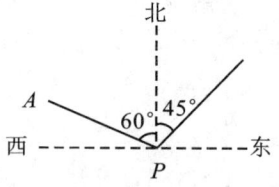

图 7-1　船行方向

 学以致用

（1）已知直角三角形 ABC 中，斜边 AB 的长为 a，$\angle B = 40°$，则直角边 BC 的长是（　　　）

A. $a \sin 40°$　　　　　　　　　　B. $a \cos 40°$

C. $a \tan 40°$　　　　　　　　　　D. a

（2）如图 7-2 所示的半圆中，AD 是直径，且 $AD = 3$，$AC = 2$，则 $\cos B$ 的值是＿＿＿＿。

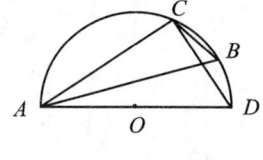

图 7-2　半圆

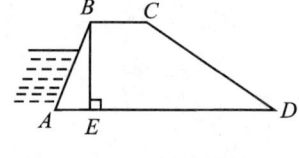

图 7-3　梯形

（3）如图 7-3 所示，某河堤的横断面是梯形 $ABCD$，$BC \parallel AD$，迎水坡 AB 长 15 米，且 $\tan \angle BAE = 3$，则河堤的高 BE 为＿＿＿＿ 米。

（4）一旗杆上的绳子如垂到地面上时还会多出 2 米，当把绳子拉开 6 米后，下端刚好接触地面，求旗杆的高度。

解

 **知识宝库**

三角函数看似很多、很复杂，但只要掌握了三角函数的本质及内部规律，就会发现三角函数各公式之间有强大的联系。而掌握三角函数的内部规律及本质也是学好三角函数的关键所在，下面是学习方法网为大家整理的三角函

数公式大全。

直角三角函数公式如下。

$\sin \alpha = \angle \alpha$ 的对边 / 斜边

$\cos \alpha = \angle \alpha$ 的邻边 / 斜边

$\tan \alpha = \angle \alpha$ 的对边 / $\angle \alpha$ 的邻边

$\cot \alpha = \angle \alpha$ 的邻边 / $\angle \alpha$ 的对边

诱导公式如下。

$\sin(-\alpha) = -\sin \alpha$

$\cos(-\alpha) = \cos \alpha$

$\tan(-a) = -\tan \alpha$

$\sin(\pi - \alpha) = \sin \alpha$

$\cos(\pi - \alpha) = -\cos \alpha$

$\sin(\pi + \alpha) = -\sin \alpha$

$\cos(\pi + \alpha) = -\cos \alpha$

$\tan \alpha = \sin \alpha / \cos \alpha$

$\tan(\pi - \alpha) = -\tan \alpha$

$\tan(\pi + \alpha) = \tan \alpha$

在日常生活中,经常会遇到一类函数,在自变量的不同取值范围内,函数有不同的解析式,则要根据不同需要去处理,才能解决问题。

案例赏析

(1) 我国是一个缺水的国家,为了加强公民的节水意识,某县城制订了每户每月用水收费(含用水费和污水处理费)标准:用水量不超过 10 吨的部分,用水费每吨 1.20 元,污水处理费 0.30 元;用水量超过 10 吨的部分,用水费每吨 2.20 元,污水处理费 1.00 元。试写出每户每月用水量 x 与应交水费 y 之间的函数解析式。小刚家六月份用了 10.5 吨水,应交多少水费?

解

(2) 某城市出租汽车收费标准为:当行程不超过 3 公里时,收费 6 元;行程超过 3 公里,但不超过 10 公里时,在收费 6 元的基础上,超过 3 公里的部分每公里收费 1.0 元;行程超过 10 公里时,超过 10 公里的部分每公里收费 1.2 元。请你写出车费 y 与行程 x 之间的函数解析式,并作出函数图像。

解

钩 玄 提 要

对此类分段函数,取其值时,要注意定义域的不同区间,把问题分解后去处理。不管是随着时间变化而变化,还是随着空间变化而变化,只要函数规律发生了变化,就必须用分段函数。

 **学以致用**

(1) 我国国内平信的计费标准是：投寄外埠的平信，每封信的质量不超过 20 g，付邮资 0.80 元；质量超过 20 g 后，每增加 20 g（不足 20 g 按照 20 g 计算）增加 0.80 元。试建立每封平信应付的邮资 y（元）与信的质量 x（g）之间的函数关系（设 $0 < x < 60$），并作出函数图像。

解

(2) 某服装经销商经销某品牌的羽绒服，采用打折的方法促销：2 件以上（含 2 件）可以打 9 折；4 件以上（含 4 件）可以打 7 折，试建立顾客享受折扣价与购买羽绒服数量之间的函数关系，并作出函数图像。

解

 **知识宝库**

函数在自变量的不同取值范围内，需要用不同的解析式来表示，这种函数称为分段函数。定义域是自变量的各个不同取值范围的并集。作分段函数的图像时，要在同一个坐标系中，分别在自变量的各个不同取值范围内，根据相应的式子作出相应部分的图像。

 小试牛刀

某学校科技活动小组制作了部分科技产品后，把剩余的甲、乙两种原材料作 1000 个 A、B 两种型号的工艺品。已知每制作一个工艺品所需甲、乙两种材料

	A 型（千克）	B 型（千克）
甲	0.6	0.3
乙	0.4	0.5

已知剩余甲种材料 39 千克，乙种材料 47 千克。假设制作 x 个 A 型工艺品。
① 写出 x 应满足的不等式组的关系式。
② 请你设计 A、B 两种型号的工艺品的所有制作方案。

初露锋芒

（1）小王在教学楼顶上的点 A 处测得楼前一棵树 CD 的顶端 C 的俯角为 $60°$，又知水平距离 $BD = 10$ m，教学楼高 $AB = 28$ m，则树高 CD 为（   ）。

A. $(28 - 10)$ m   B. $(28 - 10\sqrt{3})$ m

C. $(28 - 5)$ m   D. 9 m

（2）已知 $\odot O$ 的半径为 5 cm，弦 AB 的长为 8 cm，P 是 AB 延长线上一点，$BP = 2$ cm，则 $\tan \angle OPA$ 等于（   ）。

A. 3   B. $\dfrac{1}{2}$ C. 2   D. $\dfrac{1}{3}$

（3）如图 7-4 所示，张华同学在学校某建筑物的 C 点处测得旗杆顶部 A 点的仰角为 $30°$，旗杆底部 B 点的俯角为 $45°$。若旗杆底部 B 点到建筑物的水平距离 $BE = 9$ 米，旗杆台阶高1米，则旗杆顶点 A 离地面的高度为_____米（结果保留根号）。

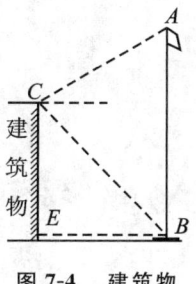

图 7-4　建筑物

解

百炼成钢

（1）如图 7-5 所示，矩形纸片 $ABCD$，$BC = 2$，$\angle ABD = 30°$。将该纸片沿对角线 BD 翻折，点 A 落在点 E 处，EB 交 DC 于点 F，则点 F 到直线 DB 的距离为_____。

（2）热气球的探测器显示，从热气球看一栋高楼顶部的仰角为 $30°$，看这栋高楼底部的俯角为 $60°$，热气球与高楼的水平距离为 66 m，这栋高楼有多高？（结果精确到 0.1 m，参考数据 $\tan 60°$ 约等于 1.73）

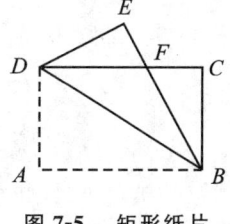

图 7-5　矩形纸片

解

（3）从 A 镇到 B 镇的距离是 28 km，今有甲骑自行车用 0.4 km/min 的速度，从 A 镇出发驶向 B 镇，25 min 以后，乙骑自行车，用 0.6 km/min 的速度追甲。试问多少分钟后追上甲？

解

(4) 甲火车长 92 m，乙火车长 84 m，若相向而行，相遇后经过 1.5 s 两车错过，若同向而行相遇后经 6 s 两车错过，求甲乙两火车的速度。

解

 趣味阅读

1920 年，印度数学天才斯里尼瓦瑟-拉马努金在临终前提出一系列数学函数。不幸的是，这些函数直到他死后近 100 年才得到证实。研究人员表示拉马努金提出的函数可用于解释黑洞的行为。

1920 年，拉马努金在临终前给他的导师——英国数学家 G. H. 哈代写了一封信，概述几个此前从未听说过的新数学函数。他自称在梦中想出这些函数，对它们的特性存在强烈的直觉。几十年后，美国研究人员证明了拉马努金所提出的数学函数的正确性，可用于解释黑洞的行为。美国埃默里大学数学家肯-小野表示："我们破解了他最后几封神秘信件中的问题。对于数学领域的研究人员来说，这个问题存在了 90 多年。"

拉马努金是一位自学成才的数学家，出生在印度南部的一个村落，曾两次从大学辍学。他的大部分时间都在思考数学问题。拉马努金在信中阐述了几个新的数学函数,与已知的 θ 函数或者模形式不同,但又是对它们的一种极为接近的模拟。拉马努金提出的函数能够以轴线图表的形式表示,例如正弦波,可针对任何选定的值进行计算。

拉马努金指出他的模拟模形式与卡尔-雅可比早期确定的普通模形式相一致,可产生类似的结果。拉马努金是一位虔诚的印度教教徒,他认为这些函数是娜玛卡尔女神给他的启示。不幸的是,当时没有人能够理解他提出的函数。小野表示:"直到 2002 年我们才通过桑德尔-泽维格斯的研究了解拉马努金在 1920 年的信件中描述的函数。"

小野和他的同事利用现代数学研究工具证明拉马努金的理论是正确的。这些研究工具是拉马努金所处时代所没有的。小野说:"我们证明拉马努金是对的。我们发现了他用于阐述自己理论的方程式。他相信之所以想出这个方程式是因为受到神灵的启示。"

此外,研究人员还吃惊地发现拉马努金提出的函数至今仍具有应用价值。小野说:"在拉马努金首次提出模拟模形式的上世纪 20 年代,还没有一个人讨论黑洞问题。不过,他提出的函数可用于揭示黑洞的秘密。毫无疑问,拉马努金为我们留下了一份宝贵遗产。"

项目八

数 列

　　数学来源于现实生活，它既和所有的人类活动有关，又对每一个真正感兴趣的人有益。数列作为反映现实生活的一种数学模型，是无处不在的。数列广泛应用在现代化经济生活中，与我们的生活息息相关。在日常生活中，人们经常遇到的存款利息、购房贷款、堆放物品总数的计算、产品规格设计的某些问题、分期付款的有关计算等都要用到数列的一些知识来解决。本章我们用 8 个学时来学习数列的概念、等比数列、等差数列的相关知识，并运用它们来解决一些简单的实际问题。

8.1 数列的概念

有的放矢

本节重点学习前后两个数之间的关系,由已知的数找到未知的数、或找出它们之间的关系(规律)[掌握],来解决生活中的实际问题[应用]。同学们,让我们用 2 学时来了解上述相关内容,以便提高我们的生活质量,提升幸福指数。加油哦!

数列的定义:

案例赏析

(1) 某同学到某工厂去实习,该厂提供了三种生活补贴方案:一是每天补贴 40 元;二是第一天补贴 5 元,第二天补贴 10 元,第三天补贴 15 元,依此类推;三是第一天补贴 0.5 元,第二天补贴 1 元,第三天补贴 2 元,第四天补贴 4 元,第五天补贴 8 元,依此类推。请你写出三种方案前 10 天中每一天的生活补贴数额。

假如是你,你会
选择哪种补贴方案?

方案一: _____。
方案二: _____。
方案三: _____。

(2) 传说古希腊毕达哥拉斯(公元前 570 ~ 公元前 500 年)学派的数学家经常在沙滩上研究数学问题,他们在沙滩上画点或用小石子来表示数。比如,他们研究过 1,3,6,10,…

你知道三角形数
的第十个数吗?

由于这些数可以用如图 8-1 所示的三角形点阵表示,他们就将其称为三角形数。

图 8-1 三角形数

图 8-1 所示是三角形数的前四个数,请画出从第五个数到第十个数的点阵图。

(3)"一尺之棰,日取其半,万世不竭"。你可以用一列数来表示这句话的含义吗?

_____。

请你将上述各个问题的答案列出来:

1.方案一: _____。

方案二：_____。

方案三：_____。

2._____。

3._____。

观察上述结果,你有什么发现吗?

说说你的发现。

 **学以致用**

试试看,你能叙述一下什么是数列吗?

_____。

(1) 数列 $0,2,4,6,8,10,12,\cdots$ 中首项 $a_1 =$ _____ ,第5项 $a_5 =$ _____ 。

(2) 找找生活中数列的例子。

(3) 观察下列数列的特点,用恰当的数填空:

① ( )$,4,9,16,$( )

② $\frac{1}{2},\frac{2}{3},$( )$,\frac{4}{5},\frac{5}{6}$( )

③ $1,\sqrt{2},\sqrt{3},$( )$,\sqrt{5},$( )

④ $\frac{3}{1.2},-\frac{4}{2.3},$( )$,-\frac{6}{4.5},$( )$,-\frac{8}{6.7}$

(4) 数列 $1,3,5,7,9$ 与数列 $9,7,5,3,1$ 是同一个数列吗?

钩玄提要

上述所讨论的就是第几个位置上的数字是什么的问题,也就是研究按顺序排列的一列数的问题。这样的问题,生活中随处可见,比如:体育课上的报数、考试成绩排名、每天生活费用的数目、购房费用问题、税费收缴数额多少问题、企业产值问题等。这些都是数列问题。

 **知识宝库**

数列的概念:按一定次序排列的一列数称为数列。

数列中的每一个数都称为这个数列的项。排在第一位的数称为这个数列的第1项(通常也称为首项),排在第二位的数称为这个数列的第2项 …… 排在第 n 位的数称为这个数列的第 n 项。

数列的一般形式可以写成:

$a_1,a_2,a_3,a_4,\cdots,a_n,\cdots$,简记为 $\{a_n\}$

 **案例赏析**

写出下列各数列

① 自然数从小到大排成一列:_____。

② 小于 10 的正偶数数列：____________________。

③ -1 的 $n(n \in \mathbf{N})$ 次幂排成一列：____________________。

④ 8 个 3 排成一列：____________________。

⑤ 全体正整数的倒数构成的数列：____________________。

观察上述各数列的项数，各项之间的关系，你有新的发现吗？

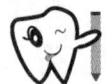

学以致用

钩玄提要

好，将同学们的观点归纳一下，即为：____________。

举有限数列、递增数列、摆动数列、常数列的例子各一个。

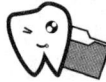

知识宝库

数列的分类：

(1) 按项数多少分。

项数有限的数列为“有穷数列”，例如：____________________。

项数无限的数列为“无穷数列”，例如：____________________。

(2) 按前后项的大小关系分。

从第 2 项起，每一项都大于它的前一项的数列称为递增数列，如：1,3,6,9,12。从第 2 项起，每一项都小于它的前一项的数列称为递减数列，如：____________。从第 2 项起，有些项大于它的前一项，有些项小于它的前一项的数列称为摆动数列，如：____________。各项相等的数列叫做常数列，如：____________。

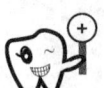

案例赏析

数列的通项公式。

已知一个数列的前 5 项分别是：1,4,9,16,25，你能写出它的第 8 项吗？第 20 项、第 n 项呢？

(1) 建立项、序号之间的关系，如图 8-1 所示。

序号：	1	2	3	4	5	…	8	…	n	…
	↓	↓	↓	↓	↓		↓		↓	
项：	1	4	9	16	25	…	__		__	
	‖	‖	‖	‖	‖		‖		‖	
关系：	1	2^2	3^2	4^2	__	…	__	…	__	…

图 8-1 项、序号的关系

（2）在横线上填写适当的数，总结规律：

 **学以致用**

（1）已知一个数列的前 4 项分别为：$1,3,5,7$，你能写出它的通项公式吗？

序号：　　　1　　　　2　　　　3　　　　4　　⋯　　n

项：　　$1=2\times1-1$ ＿＿＿＿　$5=2\times4-1$ ＿＿＿＿　⋯　＿＿＿＿

则：$a_n=$ ＿＿＿＿＿

（2）如果一个数列的前 4 项分别为 $\frac{1}{5},\frac{1}{10},\frac{1}{15},\frac{1}{20}$，那么这个数列的通项公式为：＿＿＿＿＿＿＿＿。

（3）已知一个数列的通项公式为 $a_n=3n+2$，试写出它的前 4 项与第 12 项。

解

 **知识宝库**

数列的通项公式：

如果数列 $\{a_n\}$ 的第 n 项与序号 n 之间的关系可以用一个式子来表示，那么这个公式称为这个数列的通项公式。

如，$a_n=2n-1$ 是数列 $1,3,5,7,\cdots$ 的通项公式，则此数列的第 9 项为 $a_9=2\times9-1=17$。

$a_n=n^2$ 是数列 $1,4,9,16,\cdots$ 的通项公式，则此数列的第 9 项为 $a_9=$ ＿＿＿＿。

思考：（1）已知数列的前几项，如何写出它的通项公式？

（2）已知数列的通项公式，你能解决哪些问题？

钩玄提要

此例中，项的大小是序号的平方，即 $a_1=1,\cdots,a_8=8^2$，$\cdots,a_n=n^2$，式子 $a_n=n^2$ 反映了数列 $\{a_n\}$ 的第 n 项与序号 n 之间的关系，有了这个式子就可以写出上述数列的任意一项了。比如：第 20 项为 $a_{20}=20^2=400$，第 100 项为 $a_{100}=100^2=10000$。这个非常有用的表达式被称为：数列的通项公式。

 **小试牛刀**

(1) 在括号内填上适当的数：

① 8   12   18   26   （   ）

② 3   4   7   12   （   ）   28

③ 150   138   126   114   （   ）

(2) 已知数列 $\{a_n\}$ 的通项公式，写出这个数列的前 5 项及第 12 项。

① $a_n = n$ ② $a_n = -2n - 1$

(3) 写出下列数列的通项公式，使它的前 5 项分别是下列各数：

① $2, 4, 6, 8, 10$ ② $1, \dfrac{1}{4}, \dfrac{1}{9}, \dfrac{1}{16}, \dfrac{1}{25}$

 初露锋芒

写出数列的通项公式，使它的前 4 项分别是下列各数：$\dfrac{1}{2}, \dfrac{2}{3}, \dfrac{3}{4}, \dfrac{4}{5}$。

 **百炼成钢**

(1) 写出数列 $\dfrac{1}{1 \times 2}, \dfrac{1}{2 \times 3}, \dfrac{1}{3 \times 4}, \dfrac{1}{4 \times 5}, \dfrac{1}{5 \times 6}, \cdots$ 的通项公式。

(2) 已知数列的通项公式为 $a_n = 2n + 3$，求该数列的第 5 项与第 8 项。

8.2 等差数列

有的放矢

本节重点学习等差数列有什么特点?它的通项公式与前 n 项和的公式是什么[掌握]?如何运用它们来解决生活中的实际问题[应用]?我们用 3 学时来探讨这些内容。

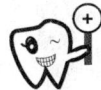

案例赏析

(1) 观察下列数列,按规律填空:

① 1,3,(   ),7,9

② 4,7,10,(   ),16

③ 15,11,4,(   ),3

④ 2,2,2,(   ),2

上面这些数列共同的特点是什么?

(2) 张同学目前会 200 个单词,从今天起不再背单词了,结果不知不觉地每天忘掉 3 个单词,那么在今后的 6 天内他的单词量逐日依次递减为:＿＿＿＿＿＿

＿＿＿＿＿＿＿＿＿＿。

(3) 将自然数中 3 的倍数从小到大组成数列为:＿＿＿＿＿＿＿＿＿＿。

(4) 将正奇数从小到大排成一列为:＿＿＿＿＿＿＿＿＿＿＿＿。

观察这些数列的特点,并用数学语言(符号)描述它们的特点:

学以致用

(1) 观察下列数列是否为等差数列?若是,指出公差;若不是,说明理由。

① 2,4,6,8,10,12,…:＿＿＿＿＿＿＿＿＿＿＿＿＿＿＿＿。

② 4,4,4,4,4,4,…:＿＿＿＿＿＿＿＿＿＿＿＿＿＿＿＿＿。

③ 15,12,9,6,3,0,−3,…:＿＿＿＿＿＿＿＿＿＿＿＿＿＿。

④ 1,5,9,13,17,21,…:＿＿＿＿＿＿＿＿＿＿＿＿＿＿＿。

等差数列的定义:

生活中,我们常会遇到这样一类特殊的数列,比如正偶数构成的数列 2,4,6,8,…;按活期存入 10000 元钱,年利率是 0.72%,那么按单利,5 年内各年末的本利和构成的数列:10072,10144,10216,10288,10360;3 的倍数构成的数列:…−3,0,3,6,…等。

钩玄提要

上述数列的共同特征是:从第二项开始,它的每一项与前一项之差都等于同一常数。比如例(2)中的常数是 −3,例(3)中的常数是 3,例(4)中的常数是 2。这是一类特殊的数列——等差数列,常数称为公差,用字母 d 来表示。

（2）你能举出几个等差数列的例子吗？在举例时，最先确定哪些量，再给出整个数列？

介绍等差数列的通项公式。

 **案例赏析**

（1）写出下列等差数列中的未知项。

① $3,a,9$

解　$a-3=9-a$

$2a=9+3$

$a=(9+3)/2=6$

② $-2,0,a,b,c,d$

解　由于首项 $a_1=-2$，公差 $d=0-(-2)=2$，所以有

$a_2=a_1+d=-2+2=0$，式中各项为：

$a=a_3=a_2+d=a_1+2d=-2+2\times2=2$

$b=a_4=$ _____。

$c=a_5=$ _____。

$d=a_6=$ _____。

$\vdots$

$a_n=$ _____。

（2）你能给出上述数列的通项公式吗？

（3）若一个数列 $\{a_n\}$ 是等差数列，它的公差是 d，那么数列 $\{a_n\}$ 的通项公式是什么？

$a_2=a_1+d$

$a_3=\underline{\quad}+d=\underline{\quad}+d=a_1+\underline{\quad}d$

$a_4=\underline{\quad}+d=\underline{\quad}+d=a_1+\underline{\quad}d$

$a_5=\underline{\quad}+d=\underline{\quad}+d=a_1+\underline{\quad}d$

$\vdots$

$a_n=a_1+\underline{\quad}d$

 **学以致用**

（1）求等差数列 $4,5,6,7,8\cdots$ 的通项公式与第 10 项。

解

钩玄提要

（1）首项是 a_1，公差是 d 的等差数列 $\{a_n\}$ 的通项公式为：$a_n=a_1+(n-1)d$。

（2）等差数列的通项公式中共有四个量：第 n 项 a_n，首项 a_1，公差 d，项数 n。知道其中的任意三个，便可求出第四个量。

(2) 249 是不是等差数列 1,5,9,13,… 的项？如果是，是第几项？

解

(3) 等差数列 $\{a_n\}$ 中，$a_3 = -4$，$d = 2$，求 a_6。

解

(4) 求下列各题中两数的等差中项。

① -8 与 12：_____。

② 1 与 77：_____。

 **知识宝库**

若三个数 a,A,b 成等差数列，则 A 称为 a 与 b 的等差中项，且

$$A = \frac{a+b}{2}$$

介绍等差数列前 n 项的和。

 **案例赏析**

高斯是德国数学家、天文学家和物理学家，被誉为历史上最伟大的数学家之一，和阿基米德、牛顿并列，同享盛名。高斯在上小学时，他的数学老师提出了下面的问题：$1+2+3+\cdots+100 = ?$ 当其他同学忙于把 100 个数逐项相加时，10 岁的高斯却迅速算出了正确答案 5050。

(1) 写出高斯的算法：

(2) 计算 $1+2+3+4+\cdots+1000 = ?$

(3) 计算 $4+6+8+10+12+14+16+18+20 = ?$

(4) 计算 $1+2+\cdots+n-1+n = ?$

解

1	+ 2	+ 3	+ $\cdots$	+ $n-1$	+ n
n	+ $n-1$	+ $n-2$	+ $\cdots$	+ 2	+ 1
$(n+1)$	+ $(n+1)$	+ $(\ \ )$	+ $\cdots$	+ $(\ \ )$	+ $(\ \ )$

从而有 $1+2+3+\cdots+n=$

（5）设 $\{a_n\}$ 是公差为 d 的等差数列，计算 $a_1+a_2+a_3+\cdots+a_n=?$

解　$a_1+a_2+a_3+\cdots+a_{n-1}+a_n=a_1+(a_1+d)+(a_1+2d)+\cdots+[a_1+(n-2)d]+[a_1+(n-1)d]$

$a_n+a_{n-1}+a_{n-2}+\cdots+a_2+a_1=a_n+(a_n-d)+(\qquad)+\cdots+(\qquad)+(\qquad)+(\qquad)=(\qquad)$

于是有：$a_1+a_2+a_3+\cdots+a_n=$ _____。

 **学以致用**

（1）已知等差数列 $\{a_n\}$ 中，$a_1=-3$，$a_{12}=17$，求 s_{12}。

解

（2）求等差数列 $2,5,8,11,\cdots$，的前 100 项之和。

解

（3）等差数列 $\{a_n\}$ 中，$a_1=3$，$d=2$，求 s_{20}。

解

 **知识宝库**

等差数列前 n 项和的公式

设等差数列 $\{a_n\}$ 的首项为 a_1，公差为 d，则等差数列 $\{a_n\}$ 的前 n 项和的公式为：

$$s_n=\frac{n(a_1+a_n)}{2} \text{ 或 } s_n=na_1+\frac{n(n-1)}{2}d$$

 案例赏析

（1）某人用分期付款的方式购买手机一部，价格为 5000 元，购买当天先付 2000 元，以后每月的这一天都交付 300 元，并加收欠款利息，月利率为 1%，若交付 2000 元以后的第一个月作为开始计算分期付款的第一个月，则分期付款的第十个月该交付多少钱？全部货款付清后，购买这款手机实际花费多少钱？

分析：购买当天付 2000 元后，还欠款 3000 元，由题意分 10 次付清，由于每月这一天都必须付 300 元，外加所欠余款利息，这样每月的这一天交付欠款数额依次构成一数列。设每月的这一天交付欠款（元）的数额依次为 a_1,a_2,a_3, $\cdots a_{10}$,则

$$a_1 = 300 + 3000 \times 1\% = 330$$

$$a_2 = 300 + (3000 - 300) \times 1\% = (\qquad)$$

$$a_3 = \underline{\hspace{10cm}}$$

$$\vdots$$

$$a_{10} = \underline{\hspace{10cm}}$$

观察这个数列可知：数列是以 _____ 为首项，以 _____ 为公差的等差数列。于是根据等差数列前 n 项和的公式有：

$$s_{10} = \underline{\hspace{10cm}}$$

因此，购买这款手机的实际花费为：_____。

（2）某报告厅共有 30 排座位，第一排有 26 个座位，从第二排起，每一排都比前一排多两个座位。你知道第 15 排与最后一排各有多少个座位吗？该报告厅共有多少个座位？

解

 **学以致用**

（1）一个屋顶的某一个斜面是等腰梯形，最上面一层铺了 21 块瓦片，往下每一层多铺 2 块瓦片，斜面上铺了 20 层瓦片，问共铺了多少块瓦片？

解

（2）现有价值 20 万元的一套住房，拟按分期付款方式出售，付款方式是从第二年起每年比前一年多付 1000 元，十年房款付完，求第一年首付房款金额。

解

（3）每月初存入 100 元的零存整取储蓄，月利率为 0.3%，若银行按单利付给利息，存满一年后，本利和共有多少元？

解

钩玄提要

数学来源于生活，又服务于生活。生活中处处有数学。生活中的现实问题需要用数学知识来解决。解决的关键是建立数学模型，像本节内容就是建立等差数列模型，理清已知与未知，然后将实际问题转化成数列问题求解。

 **知识宝库**

单利是指按照固定的本金计算利息。

复利是指在每经过一个计息期后,都要将所剩利息加入本金,以计算下期的利息。这样,在每一个计息期,上一个计息期的利息都将成为生息的本金,即以利生利,也就是俗称的"利滚利"。

例如:本金为 10 万元,如果年利率是 5%,存期 1 年,则单利和复利没有区别。同样是本金为 10 万元,如果月利率是 5%,存期是 12 个月(一年)。

(1) 按单利计算:

本息 = 本金 100000 + 利息 100000 × 月利率 5% × 12 个月 = 160000 元

(2) 按复利计算:

本息 = 本金 100000 × (1 + 月利率 5%)12 = 100000 × 1.79585632602213 = 179585.70 元

可见,复利比单利多付:19585.7 元。

(3) 贷款时按每月结算利息的情况:因为每月你已经把 5000 的利息付给了对方,因此本金只有 10 万,所以每个月实际上是单利。每月利息 = 100000 × 5% = 5000 只是损失了每月 5000 存在银行的利息。可以按照零存整取的方式,存款利率目前为年 3.6%,那么损失利息为:2160 元。你采用目前的方式,比一般的单利相当于多付 2160 元。

另外:关于民间借贷利率法律政策是国家只保护官方利率的 4 倍。如果因为超过这个水平的利息而发生纠纷,国家只主张这个范围内的权利,多的部分法律不予主张。

 小试牛刀

(1) 写出等差数列 $-2,1,4,\cdots$ 的第 9 项。

解

(2) 求等差数列 $11,8,5,\cdots$ 的通项公式。

解

(3) 等差数列 $-3,1,5,9,\cdots$ 的前几项的和是 150?

解

(4) 在等差数列 $\{a_n\}$ 中,首项 $a_1 = 2$,$a_{20} = 38$,求公差 d。

解

初露锋芒

（1）求等差数列 $5,9,13,17,\cdots$ 的第 12 项。

解

（2）求等差数列 $2,7,12,17,\cdots$ 的通项公式。

解

（3）在等差数列中，已知 $a_1 = 12$，$a_6 = 27$，求 d。

解

（4）求前 1000 个正整数之和。

解

（5）求 32 与 -64 的等差中项。

解

 **百炼成钢**

（1）已知等差数列 $-1,2,5,\cdots$，求该数列的通项公式及第 20 项。

解

（2）在等差数列 $\{a_n\}$ 中，$a_1 = 2$，$a_7 = 20$，求 s_{10}。

解

（3）一个堆放铅笔的 V 形架的最下面一层放一支铅笔，往上每一层都比它下面一层多放一支，最上面一层放 100 支。这个 V 形架上共放着多少支铅笔？

解

（4）某渔业公司今年初用 98 万元购进一艘鱼船用于捕捞。第一年需要各种费用 12 万元，从第二年起包括维修费在内每年所需费用比上一年增加 4 万元，该船每年捕捞总收入 50 万元，该船要捕捞多少年才开始盈利？

解

8.3 等比数列

 **有的放矢**

本节重点学习的又是一类具有什么特征的数列呢[重点]?它的通项公式与前项和的公式是什么[掌握]?如何运用它来解决现实中的具体问题[应用]?我们用 3 学时来了解这些内容。

前面我们探讨了从第二项起每一项与前一项的差等于同一个常数的等差数列问题,生活中除了这类数列外,还有一类特殊的数列:

比如,复利计息问题。现存入银行 10000 元,年利率是 1.98%,那么按复利,5 年内各年末得到的本利和构成的数列:10000×1.0198,10000×1.0198^2,10000×1.0198^3,10000×1.0198^4,10000×1.0198^5;细胞分裂问题。某种细胞由一个分裂为两个,两个分裂为四个,依此类推,则细胞分裂个数组成的数列为:$1,2,4,8,16,\cdots$ 等等。

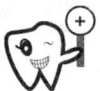 **案例赏析**

介绍等比数列的定义。

(1)把一张纸连续对折 5 次,试写出每次对折后纸的层数。写出数列。

(2)印度有个发明家发明了国际象棋,如图 8-2 所示。国王玩得很开心,于是决定奖励这个发明家,发明家没有向国王要金银珠宝,他的要求是让国王在棋盘上放麦粒,但是规定在第一格里放一颗麦粒,后面每格的麦粒数是前一格的两倍,国王一听,连忙满口答应。你认为国王能满足这位发明家的要求吗?你知道发明者要多少麦粒吗?

图 8-2 国际象棋

国际象棋有多少格子?将每个格子里的麦粒数写出来排成一列。

（3）一辆汽车的售价 20 万元，年折旧率约为 10％，5 年后此车的价值是多少？

将该车 5 年的价值排成一列：

观察上述数列，看它们有什么共同的特点？

上述数列的共同特征是：从第二项开始，它的每一项与前一项之比都等于同一常数。比如例（1）中的常数是 2，例（2）中的常数也是 2，例（3）中的常数是 0.9。这又是一类特殊的数列——等比数列，常数称为公比，常用字母 q 来表示，有

$$q = \frac{a_{n+1}}{a_n}，即$$

$$a_{n+1} = a_n \cdot q (a_1，$$

q 都不为零)

学以致用

（1）观察下列数列是否为等比数列？若是，指出公比；若不是，说明理由。

① 1,2,4,8,16,…：＿＿＿＿＿＿＿＿＿＿＿＿＿＿＿。

② 1,-1,1,-1,1,…：＿＿＿＿＿＿＿＿＿＿＿＿＿＿＿。

③ 2,2,2,2,2,…：＿＿＿＿＿＿＿＿＿＿＿＿＿＿＿。

④ 0,2,4,6,8,…：＿＿＿＿＿＿＿＿＿＿＿＿＿＿＿。

⑤ 135,45,15,5,…：＿＿＿＿＿＿＿＿＿＿＿＿＿＿＿。

（2）你能举出几个等比数列的例子吗？在举例时，最先确定哪些量，再给出整个数列？

解

知识宝库

等比数列的概念

如果一个数列从第二项起，每一项与它的前一项的比等于一个常数，那么这个数列就称为等比数列。这个常数称为这个等比数列的公比，一般用字母 q 来表示。

案例赏析

写出下列等比数列中的未知项。

① 3,a,27

解 $a/3 = 27/a$

$a^2 = 81$

$$a = \pm 9$$

② $1, \frac{1}{2}, a_3, a_4, a_5, a_6$

解　由于首项 $a_1 = 1$,公比 $q = 1/2$ 所以 $a_2 = a_1 \cdot q = 1/2$,有

$a_3 = a_2 \cdot q = a_1 \cdot q^2 = 1/4$

$a_4 =$

$a_5 =$

$a_6 =$

$\vdots$

$a_n =$

写出例 ①、例 ② 中数列的通项公式:

解

若一个数列 $\{a_n\}$ 是等比数列,它的公比是 q,那么数列 $\{a_n\}$ 的通项公式是什么?

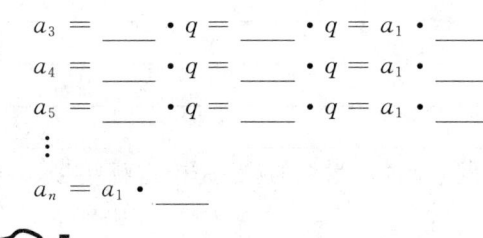

$a_2 = a_1 \cdot q$

$a_3 = \underline{\quad} \cdot q = \underline{\quad} \cdot q = a_1 \cdot \underline{\quad}$

$a_4 = \underline{\quad} \cdot q = \underline{\quad} \cdot q = a_1 \cdot \underline{\quad}$

$a_5 = \underline{\quad} \cdot q = \underline{\quad} \cdot q = a_1 \cdot \underline{\quad}$

$\vdots$

$a_n = a_1 \cdot \underline{\quad}$

 **学以致用**

(1) 求等比数列 $4, -8, 16, -32, \cdots$ 的通项公式与第 10 项。

解

(2) 48 是不是等比数列 $3, 6, 12, \cdots$ 的项?如果是,是第几项?

解

(3) 等比数列 $\{a_n\}$ 中,$a_3 = 4$,$q = -2$,求 a_6。

解

(4) 求下列各题中两数的等比中项。

① 8 与 2：_____。

② -3 与 -27：_____。

 案例赏析

前面的例子中，象棋发明者到底要多少粒麦子呢？

发明人所要麦粒总数是 $1+2+2^2+2^3+\cdots+2^{63}$，实际上就是等比数列 1，$2, 2^2, 2^3, \cdots 2^{63}$ 前 64 项之和为

$$S_{64} = 1+2+2^2+2^3+\cdots+2^{63} \qquad (8\text{-}1)$$

怎样求和呢？

若象棋发明者要求在第一个格子放 2 粒麦子，第二个格子放 4 粒麦子，第三个格子放 8 粒麦子，依次类推，棋盘上共有多少粒麦子？两种放法哪种放法的麦子数多？多多少呢？

此种放法的麦子总数为

$$S = 2+2^2+2^3+\cdots+2^{63}+2^{64} \qquad (8\text{-}2)$$

比较式(8-1)和式(8-2)，发现了什么？

第二种放法的麦子数比第一种多，多 $(2^{64}-1)$ 粒。

不过，棋盘上究竟有多少麦子还是不清楚，到底怎样求呢？由上述求差过程得到启发：

$$
\begin{aligned}
2 \times S_{64} &= 2 \times (1+2+2^2+2^3+\cdots+2^{63}) \\
&= 2+2^2+2^3+\cdots+2^{63}+2^{64}
\end{aligned} \qquad (8\text{-}3)
$$

由式(8-3)-式(8-1)，得

$$S_{64} = 2^{64}-1 = 18446744073709551615$$

因此，棋盘上的麦粒数为 18446744073709551615。这些麦粒的总质量超过了 7000 亿吨。显然，国王不能满足发明者的要求。

设等比数列 $\{a_n\}$ 的首项为 a_1，公比为 q，那么等比数列 $\{a_n\}$ 的前 n 项和 S_n 怎样求呢？类比上述求和过程，完成下述推导。

设等比数列 $\{a_n\}$ 的前 n 项和为 S_n，则

$$S_n = a_1+a_2+a_3+\cdots+a_n \qquad (8\text{-}4)$$

两边乘以公比 q，得

$$q \times S_n = q(a_1+a_2+a_3+\cdots+a_n) = a_2+a_3+\cdots+a_n+a_{n+1}$$
$$\qquad (8\text{-}5)$$

式(8-4)-式(8-5)得

$$(1-q)s_n = a_1-a_{n+1} = a_1-a_1 \cdot q^n = a_1(1-q^n)$$

$$S_n = \frac{a_1(1-q^n)}{1-q} \qquad (q \neq 1)$$

介绍等比数列前 n 项和的公式。

学以致用

（1）用公式计算国际象棋棋盘上麦粒的总数。

解

（2）求等比数列 $1,-3,9,-27,\cdots$ 的前 10 项之和。

解

（3）在等比数列 $\{a_n\}$ 中，$a_5 = 3/4$，$q = -1/2$，求 s_7。

解

知识宝库

等比数列前 n 项和的公式

首项为 a_1，公比为 q 的等比数列 $\{a_n\}$ 前 n 项和的公式是：

$$S_n = \frac{a_1(1-q^n)}{1-q} \quad (q \neq 1)$$

$$S_n = na_1 \quad (q = 1)$$

又因 $$a_{n+1} = a_n q = a_1 q^n$$

所以 $$S_n = \frac{a_1 - a_n q}{1-q} \quad (q \neq 1)$$

案例赏析

话说猪八戒西天取经回到了高老庄，从高员外手里接下了高老庄集团，摇身一变成了 CEO。可好景不长，很快便因资金周转不灵而陷入窘境，急需大量的资金投入，于是找孙悟空帮忙。悟空一口答应："行！我每天投资 100 万连续一个月（30 天），但有一个条件：作为回报，从资金的第一天起，必须返给我 1 元，第二天返给我 2 元，第三天返给我 4 元……，即后一天返还为前一天的二倍。"八戒听了，心理打起了小算盘："第一天支出 1 元，收入 100 万；第二天支出 2 元，收入 100 万；第三天支出 4 元，收入 100 万；…… 哇发财了 ……"心里越想越美 …… 再看看悟空的表情，心里又犯了嘀咕："这猴子老欺负我，会不会又在耍我？"

请你帮八戒分析一下，按悟空的投资方式，30 天后，八戒能吸纳多少投资？

解

八戒得返还给悟空多少钱？

解

 **学以致用**

(1) 某地为了保持水土资源，实行退耕还林，如果 2013 年退耕地 8 万公顷，以后每年比上一年增加 10%，那么 2018 年需退耕地多少公顷？

解

(2) 某人打算在 2018 年的年底花 40 万元购买商品房，为此，计划从 2012 年初开始，每年年初存入一笔购房专用存款，使这笔款到 2018 年年底连本带息共有 40 万元。如果每年的存款数额相同，依年利息 2% 并按复利计算，问每年应该存入多少钱？

解

 **小试牛刀**

(1) 已知数列 $\{a_n\}$ 是一个等比数列，在下表中填入适当的数。

a_1	a_2	a_3	a_4	q
2	3			
	6			-2
		4	-12	

(2) 求下列各组数的等比中项。

① 2 与 16：_____。

② -81 与 -9：_____。

(3) 在等比数列 $\{a_n\}$ 中,已知 $a_1 = -3, q = 3$,求 s_8。

解

 初露锋芒

(1) 在等比数列 $\{a_n\}$ 中,$q = 3$,$a_3 = 18$,求 a_1。

解

(2) 在等比数列 $\{a_n\}$ 中,$a_2 = 18$,$a_4 = 8$,求 a_1 与 q。

解

(3) 在等比数列 $\{a_n\}$ 中,$a_1 = -1$,$a_3 = -16$,求 q 与 s_4。

解

(4) 某工厂今年的总产值为 120 万,计划今后 5 年内每一年比上一年平均增长 10%,求这 5 年的最后一年该厂的总产值。

解

 **百炼成钢**

(1) 等比数列 $\{a_n\}$ 中,首项为 5,末项为 -5,公比为 -1,求项数 n。

解

(2) 如果一个等比数列前 5 项的和等于 10,前 10 项的和等于 50,那么它前 15 项的和等于多少?

解

(3) 在 9 与 81 之间插入一个数,构成一个等比数列,问插入的数是多少?

解

(4) 将一张厚度为 0.05 mm 的报纸对折,再对折,再对折,…… 对折 50 次后,报纸的厚度是多少?你相信这时报纸的厚度可以在地球和月球之间建一座桥吗?

解

趣味阅读

斐波那契数列

13 世纪,意大利数学家伦纳德提出下面一道有趣的题:如果每对大兔每月生一对小兔(雄、雌),而每对小兔生长一个月就成为大兔,并且所有的兔子全部存活,那么有人年初养了初生的一对小兔(雄、雌),一年后共有多少对兔子?

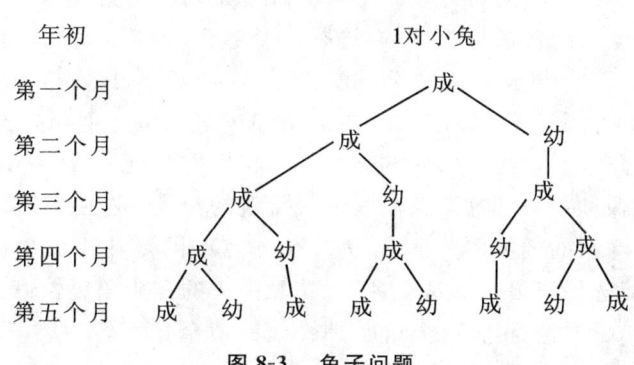

图 8-3 兔子问题

如图 8-3 所示,第一个月初,有 1 对兔子;第二个月初,有 2 对兔子;第三个月初,有 3 对兔子;第四个月初,有 5 对兔子;第五个月初,有 8 对兔子;第六个月初,有 13 对兔子 ……。把这些对数顺序排列起来,可得到下面的数列:

$$1,2,3,5,8,13,\cdots$$

观察这一数列,可以看出:从第三个月起,每月兔子的对数都等于前两个月对数的和。根据这个规律,推算出第十三个月初的兔子对数,也就是一年后养兔人有兔子的总对数。

根据题中条件,可写出下面的数列:

$$1,2,3,5,8,13,21,34,55,89,144,233,377,\cdots$$

因为一年兔子的对数也就是第 13 个月初的对数。这个养兔人共有 377 对兔子。

数列:$1,2,3,5,8,13,21,34,55,89,144,233,377,\cdots$ 称为斐波那契数列。这个数列从第三项开始,每一项都等于前两项之和。它的通项公式为:$(1/\sqrt{5})\times\{[(1+\sqrt{5})/2]^n-[(1-\sqrt{5})/2]^n\}$ 这个公式也称比内公式,是用无理数表示

有理数的一个范例。有趣的是：这样一个完全是自然数的数列，通项公式居然是用无理数来表达的。

该数列有很多奇妙的属性。比如：随着数列项数的增加，前一项与后一项之比越来越逼近黄金分割 0.6180339887……

还有一项性质，从第二项开始，每个奇数项的平方都比前后两项之积少 1，每个偶数项的平方都比前后两项之积多 1。

如果你看到有这样一个题目：某人把一个 8×8 的方格切成四块，拼成一个 5×13 的长方形，然后故作惊讶地问你：为什么 $64 = 65$？其实就是利用了斐波那契数列的这个性质：5、8、13 正是数列中相邻的三项，事实上前后两块的面积确实差 1，只不过后面那个图中有一条细长的狭缝，一般人不容易注意到。

在植物王国中，也可以找到斐波那契数列的踪迹，如图 8-4 所示。

向日葵是一种美丽的植物，在蓝天之下它们大大的黄色圆盘非常具有标志性。当然，我们大多数人喜爱它们的原因是因为喜欢嗑瓜子。但是，你有没有过停下脚步，细细观察这特殊花朵中央的种子排列图案呢？向日葵绝不仅是长相美丽、种子美味的普通植物，它们更是一个数学奇迹的体现。向日葵中心种子的排列图案符合斐波那契数列，也就是 1，2，3，5，8，13，21，34，55，89，144，……序列中每个数字是前两个数字的总和。在向日葵上面，这个序列以螺旋状从花盘中心开始体现出来。有两条曲线向相反方向延展，从中心开始一直延伸到花瓣，每颗种子都和这两条曲线形成特定的角度，放在一起就形成了螺旋形。根据国外网站的数据研究证明，为了使花盘中的葵花籽数量达到最多，大自然为向日葵选择了最佳的黄金数字。花盘中央的螺旋角度恰好是 $137.5°$，十分精确，只有 $0.1°$ 的变化。这个角度是最佳的黄金角度，只此一个，两组螺旋（每个方向各有一个）即清晰可见。葵花籽数量恰恰也符合了黄金分割定律：$2/3$，$3/5$，$5/8$，$8/13$，$13/21$，等等。当你静下心来认真思考时，小小的向日葵中其实蕴含着深奥的知识。细细研究后才会发现，这些数学上的排列规律在向日葵花盘上体现出来后显得非常迷人。

图 8-4　向日葵中心种子的排列图案符合斐波那契数列

项目九

函 数 建 模

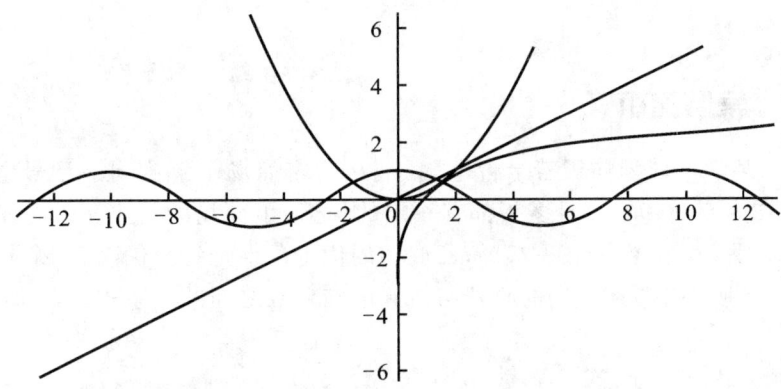

　　数学是有用的,数学就在我们身边,它是一切科学和技术的基础,是我们思考和解决问题的工具。

　　面对实际问题,如何选择恰当的函数模型来解决它们,本章我们将通过一些实例学习建立函数模型的过程和方法,初步运用函数思想解决现实生活中的一些简单问题。

9.1 一次函数的应用(一)

有的放矢

本节重点学习一次函数的数学模型[掌握],学习利用一次函数解决诸如利润最大、成本最少、话费最少和是否合算等实际问题[应用]。我们用 2 学时来完成。

案例赏析

(1)某学校计划购买若干台电脑,现从两家商场了解到同一型号电脑每台报价均为 6000 元,并且多买都有一定的优惠。甲商场的优惠条件是第一台按原价收费,其余每台优惠 25%;乙商场的优惠条件是每台优惠 20%。

① 分别写出两家商场的收费与所买电脑台数之间的关系式。

② 什么情况下到甲商场购买更优惠?

③ 什么情况下到乙商场购买更优惠?

④ 什么情况下两家商场的收费相同?

(2)商店出售茶壶和茶杯,茶壶每只定价 20 元,茶杯每只定价 5 元,该商店现推出两种优惠办法:方法一,买一只茶壶赠送一只茶杯;方法二,按购买总价的 92% 付款。

① 某顾客需购买茶壶 4 只,茶杯若干只(不少于 4 只),若以购买 x 只茶杯的付款为 y 元,试分别建立两种优惠办法中 y 与 x 之间的函数关系式。

② 如果该顾客需购买茶杯 40 只,应选择哪种优惠办法?

③ 什么情况下商店的两种优惠办法收费相同?

学以致用

（1）一家报刊推销员从报社买进报纸的价格是每份 0.20 元,卖出的价格是每份 0.30 元,卖不完的还可以以每份 0.08 元的价格退回报社。在一个月（以 30 天计算）里有 20 天每天可卖出 400 份,其余 10 天只能卖 250 份,但每天从报社买进报纸的份数都相同,问每天应该从报社买多少份才能使每月所获得的利润最大?并计算每月最多能赚多少钱?

解

钩玄提要

自变量 x 的取值范围 $[250,400]$ 是由问题的实际意义决定的,建立函数关系式时应注意挖掘。

（2）一家人（父亲、母亲、孩子）去某地旅游,有两个旅行社同时发出邀请,且有各自的优惠政策。甲旅行社承诺,如果父亲买一张全票,则其家庭成员均可享受半价,乙旅行社承诺,家庭旅行算团体票,按原价的 2/3 计算。这两家旅行社的原价是一样的,若家庭中孩子数不同,以孩子个数为变量试分别列出两家旅行社优惠政策实施后的收费表达式,比较选择哪家更优惠。

解

知识宝库

解答应用问题的程序可概括为如下"四步八字"。
① 审题:弄清题意,分清条件和结论,理顺数量关系,初步选择模型。
② 建模:将自然语言转化为数学语言,将文字语言转化为符号语言,利用数学知识,建立相应的数学模型。
③ 求模:求解数学模型,得出数学结论。
④ 还原:将数学结论还原。

学以致用

某用煤单位有煤 m 吨,每天烧煤 n 吨,现已知烧煤三天后余煤 102 吨,烧煤 8 天后余煤 72 吨。
① 写出该单位余煤量 y 吨与烧煤天数 x 之间的函数解析式。

解

② 当烧煤 12 天后,还余煤多少吨?

解

③ 预计多少天后会把煤烧完?

解

 小试牛刀

某人从 A 地到 B 地乘坐出租车,有两种方案:第一种方案,租用起步价 10 元,每公里价为 1.2 元的出租车;第二种方案,租用起步价为 8 元,每公里价为 1.4 元的出租车。按出租车管理条例,在起步价内,不同型号出租车行驶的里程是相等的,则此人从 A 地到 B 地选择哪一种方案比较经济?

解

 初露锋芒

声音在空气中的传播速度 y m/s(简称音速)与气温 x ℃ 满足关系式:$y = \frac{3}{5}x + 331$。

① 求音速为 340 m/s 时的气温。

解

② 求音速超过 340 m/s 时的气温。

解

③ 你可以得到什么规律?说说看。

解

 **百炼成钢**

(1) 某厂在甲、乙两地的分厂各生产仪器 12 台和 6 台,现售给 A 地 10 台,B 地 8 台。已知从甲调运 1 台至 A、B 两地的运费分别为 400 元和 800 元,从乙调运 1 台至 A、B 两地的运费分别为 300 元和 500 元。

① 要使总运费不超过 9000 元,共有几种方案?

解

② 求总运费最低时的调运方案与调运费。

解

（2）某地区 2005 年底沙漠面积为 95 万公顷，为了解该地区沙漠面积的变化情况，进行了连续 5 年的观测，并将每年年底的观测结果记录如表 9-1 所示，并根据表 9-1 所给的信息进行下列预测。

表 9-1　沙漠面积变化情况

观测时间	2006 年底	2007 年底	2008 年底	2009 年底	2010 年底
该地区沙漠比原有面积增加数 / 万公顷	0.2000	0.4000	0.6001	0.7999	1.0001

① 如果不采取任何措施，那么到 2020 年底，该地区的沙漠面积将大约变为多少万公顷？

解

② 如果从 2010 年底后采取植树造林等措施，每年改造 0.6 万公顷沙漠，那么到哪一年年底该地区沙漠面积减少到 90 万公顷？

解

9.2　一次函数的应用（二）

有的放矢

本节重点学习从图形中获取信息来分析问题［掌握］，进而解决实际问题［应用］。要求同学们在 2 学时内完成。

案例赏析

（1）由于持续高温和连日无雨，某水库的蓄水量随着时间的增加而减少。干旱持续时间 t（天）与蓄水量 V（万米^3）的关系如图 9-1 所示，回答下列问题。

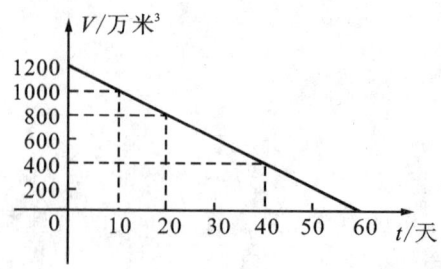

图 9-1 干旱时间和蓄水量关系

① 干旱持续 10 天后,蓄水量为多少?连续干旱 23 天后呢?

② 蓄水量小于 400 万米³ 时,将发出严重干旱警报。问干旱多少天后将发出严重干旱警报?

③ 按照这个规律,预计持续干旱多少天水库将干涸?

（2）当得知周边地区的干旱情况后,育才学校的小明意识到节约用水的重要性,当天在班上倡议节约用水,得到全班同学乃至全校师生的积极响应。从宣传活动开始,假设每天参加该活动的家庭数增加数量相同,最后全校师生都参加了活动,并且参加该活动的家庭数 S(户) 与宣传时间 t(天) 的函数关系如图 9-2 所示,根据图示回答下列问题。

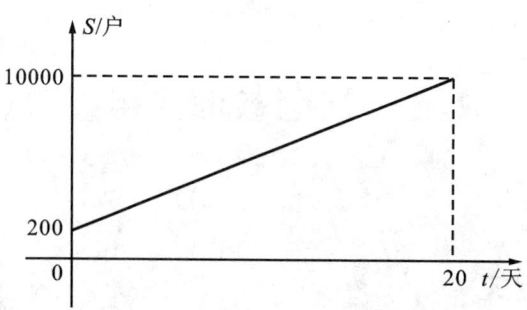

图 9-2 参加活动的家庭数与宣传时间的关系

① 活动开始当天,全校有多少户家庭参加了该活动?

② 全校师生共有多少户?该活动持续了几天?

③ 平均每天增加了多少户?

④ 活动第几天时,参加该活动的家庭数达到 800 户?

 **学以致用**

全国每年都有大量土地被沙漠吞没,改造沙漠、保护土地资源已经成为一项十分紧迫的任务。某地区现有土地面积 100 万千米²,沙漠面积 200 万千米²,土地沙漠化的变化情况如图 9-3 所示,新增沙漠面积用 S 表示。

① 如果不采取任何措施,那么到第 5 年底,该地区沙漠面积将增加多少万千米²?

解

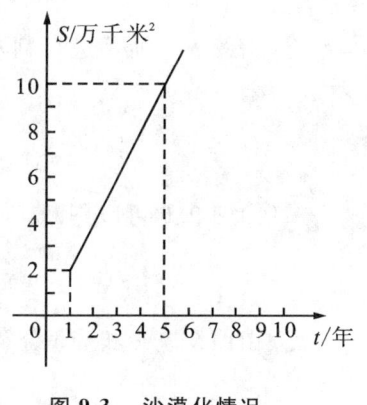

图 9-3 沙漠化情况

② 如果该地区沙漠的面积继续按此趋势扩大,那么从现在开始到第几年底,该地区将丧失全部土地资源?

解

③ 如果从现在开始采取植树造林措施,每年改造 4 万千米² 沙漠,那么到第几年底,该地区的沙漠面积能减少到 176 万千米²?

解

 **案例赏析**

我边防局接到情报,近海处有一可疑船只 A 正向公海方向行驶。边防局迅速派出快艇 B 追赶,如图 9-4 所示。图 9-5 中,l_1、l_2 分别表示两船相对于海岸的距离 s(海里)与追赶时间 t(分钟)之间的关系。根据图示回答下列问题。

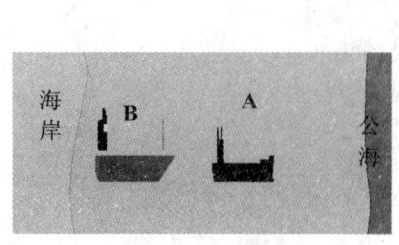

图 9-4　船只位置图

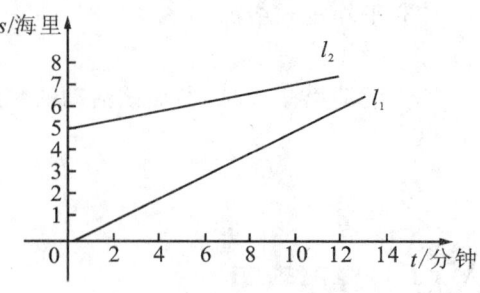

图 9-5　距离、时间关系图一

钧 玄 提 要

引导学生根据实际问题建立适当的函数模型,利用该函数图像的特征解决这个问题。在此过程中渗透数形结合的思想方法,发展学生的数学应用能力。

① 由图 9-5 所示进行判断,哪条线表示 B 到海岸的距离与时间之间的关系?

② 由图 9-6 可以判断,A、B 两船中,哪个速度快?

③ 由图 9-7 分析,15 分钟内 B 能否追上 A?

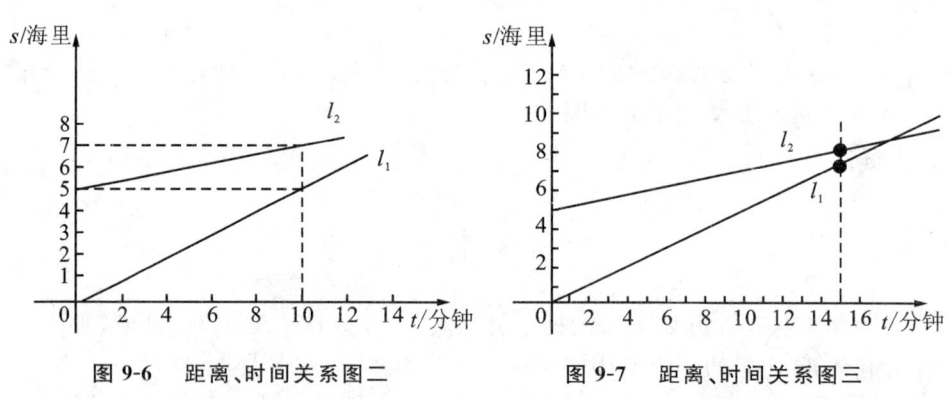

图 9-6　距离、时间关系图二　　　　　图 9-7　距离、时间关系图三

④ 由图 9-8 分析,如果一直追下去,那么 B 能否追上 A?

⑤ 由图 9-9 分析,当 A 逃到离海岸 12 海里的公海时,B 将无法对其进行检查。照此速度,B 能否在 A 逃到公海前将其拦截?

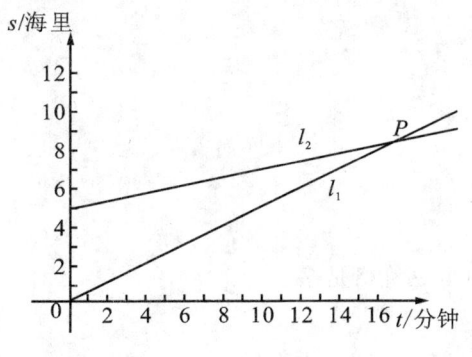

图 9-8　距离、时间关系图四　　　图 9-9　距离、时间关系图五

 学以致用

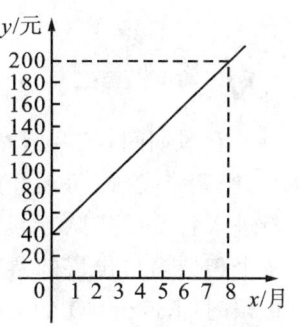

某同学将父母给的零用钱按每月相等的数额存放在储蓄盒内,准备捐给希望工程。盒内钱数 y(元)与存钱月数 x 之间的函数关系如图9-10所示,观察图示回答下列问题。

① 盒内原来有多少元?2个月后盒内有多少元?

解

② 该同学经过几个月能存够200元?

解

③ 该同学至少要存几个月才能超过140元?

解

图 9-10　钱数与存钱月数的关系

 **小试牛刀**

一农民带上若干千克自产的土豆进城出售,为了方便,他带了一些零钱备用,按市场价售出一些后,又降价出售,售出的土豆重量 x(千克)与他手中持有的钱数 y(元)(含备用零钱)的关系如图 9-11 所示,结合图像回答下列问题。

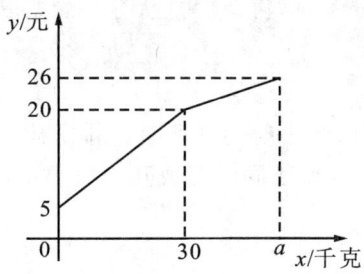

图 9-11　重量和钱数关系

① 农民自带的零钱是多少？

解

② 试求降价前 y 与 x 之间的关系。

解

③ 由表达式,求出降价前每千克的土豆价格是多少。

解

 初露锋芒

春节期间,某客运站旅客流量不断增大,旅客往往需要长时间排队等候购票。经调查发现,每天开始售票时,约有 400 人排队购票,同时又有新的旅客不断进入售票厅排队等候购票。售票时售票厅每分钟新增购票人数 4 人,每分钟每个售票窗口出售的票数 3 张。某一天售票厅排队等候购票的人数 y(人)与售票时间 x(分钟)的关系如图 9-12 所示,已知售票的前 a 分钟只开放了两个售票窗口(规定每人只购一张票),回答下列问题。

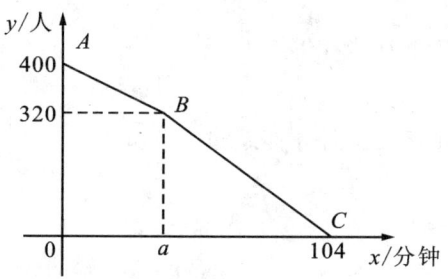

图 9-12 人数与时间关系

① 求 a 的值。

解

② 求售票到第 60 分钟时,售票厅排队等候购票的旅客人数。

解

③ 若要在开始售票后半小时内让所有的排队旅客都能购到票,以便后来到站的旅客随到随购,至少需要同时开放几个售票窗口？

解

 **百炼成钢**

（1）张师傅驾车运送荔枝到某地出售，汽车出发前油箱有 50 升油，行驶若干小时后，途中在加油站加油若干升，油箱中剩余油量 y（升）与行驶时间 t（小时）之间的关系如图 9-13 所示，请根据图示回答下列问题。

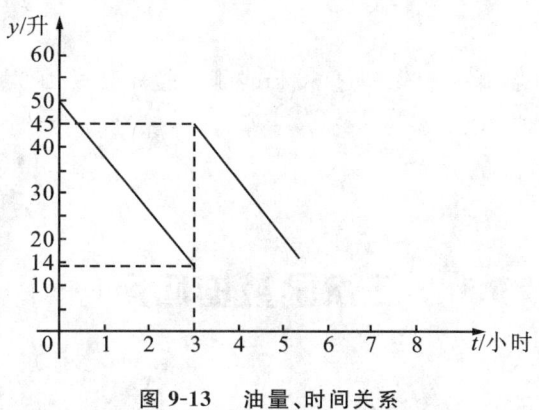

图 9-13 油量、时间关系

① 汽车行驶_____小时后加油，中途加油_____升。

② 求加油前油箱剩余油量 y 与行驶时间 t 的函数关系式。

③ 已知加油前、后汽车都以 70 km/h 匀速行驶，如果加油站距目的地 210 km，要到达目的地，问油箱中的油是否够用？请说明理由。

（2）一艘轮船以 20 km/h 的速度从甲港驶往 160 km 远的乙港，2 h 后，一艘快艇以 40 km/h 的速度也从甲港驶往乙港。分别列出轮船和快艇行驶的路程 y（km）与时间 x（h）的函数关系式。

在直角坐标系中画出函数的图形。

观察图形回答下列问题。

① 何时轮船行驶在快艇的前面？

② 何时快艇行驶在轮船的前面？

③ 轮船和快艇哪一艘先驶过 60 km？哪一艘先驶过 100 km？

9.3 二次函数的应用（一）

 **有的放矢**

本节内容重点是运用所学的二次函数知识去解决实际问题，要求能掌握函数应用的基本方法和步骤。让我们用 2 学时了解上述相关内容。

 案例赏析

（1）将进货单价为 8 元的商品按 10 元一个销售，每天可卖出 100 个。若每个商品涨价 1 元出售，则日销售量减少 10 个。为获得最大利润，则此商品当日销售价应定为每个多少元？

（2）某地方政府为保护地方电子工业发展，决定对某一进口电子产品征收附加税。已知这种电子产品国内市场零售价为每件 250 元，每年可销售 40 万件，若政府增加附加税率为每百元收 t 元时，则每年销售量将减少 $\frac{8}{5}t$ 万件。

① 将税金收入表示为征收附加税率的函数。

② 若在该项经营中每年征收附加税金不低于 600 万元，那么附加税率应控制在什么范围？

钩玄提要

在引入自变量建立目标函数解函数应用题时，一要注意自变量的取值范围，二要检验所得结果，必要时运用估算和近似计算，以使结果符合实际问题的要求。

 **学以致用**

某服装厂生产一种服装，每件服装的成本为 40 元，出厂单价定为 60 元。该厂为鼓励销售商订购，决定当一次订购量超过 100 件时，每多订购一件，订购的全部服装的出厂单价就降低 0.02 元。根据市场调查，销售商一次订购量不会超过 500 件。

① 设一次订购量为 x 件，服装实际出厂单价为 P 元，写出函数 $P = f(x)$ 的表达式。

② 当销售商一次订购了 450 件服装时，该服装厂获得的利润是多少元？

 **知识宝库**

归纳解决函数应用题的基本步骤如下。

第一步：认真读题，缜密审题，确切理解题意，明确问题实际背景，然后进行科学的抽象、概括，将实际问题转化成数学问题，即实际问题数学化。

第二步：运用所学的数学知识和数学方法解答函数问题，得出函数问题的解。

第三步：将所得函数问题的解代入实际问题进行验证，看是否符合实际，并对实际问题作答。

 **学以致用**

某城市出租汽车统一价格，凡上车起步价为 6 元，行程不超过 2 km 者均按此价收费，行程超过 2 km，按 1.8 元/km 收费，另外，遇到塞车或等候时，汽车虽没有行驶，仍按 6 分钟折算 1 km 计算，陈先生坐了一趟这种出租车，车费17 元，车上仪表显示等候时间为 11 分 30 秒，那么陈先生此趟行程的距离介于（　　）。

　　A. 5～7 km　　　　B. 9～11 km　　　　C. 7～9 km　　　　D. 3～5 km

 **小试牛刀**

某自来水厂的蓄水池中有 400 吨水，每天零点开始由池中放水向居民供水，同时以每小时 60 吨的速度向池中注水。若 t 小时内向居民供水总量为 120 $\sqrt{6t}\,(0 \leqslant t \leqslant 24)$，回答下列问题。

① 每天几点时蓄水池中的存水量最少？

解

② 若池中存水量临近 80 吨时,就会出现供水紧张现象,则每天会有几小时出现这种现象？

解

 初露锋芒

某商场在促销期间规定:商场内所有商品按标价的 80% 出售,同时,当顾客在该商场内消费满一定金额后,按表 9-2 所示方案获得相应金额的奖券。

表 9-2 优惠方案

消费金额的范围	$[200,400)$	$[400,500)$	$[500,700)$	$[700,900)$	⋯
获得奖券的金额	30	60	100	130	⋯

根据上述促销方法,顾客在该商场购物可以获得双重优惠,例如:购买标价 400 元的商品,则消费金额为 320 元,获得的优惠额为 $(400 \times 0.2 + 60)$ 元 $=$ 140 元,设购买商品的优惠率 $= \dfrac{购买商品获得的优惠}{商品的标价}$,回答下列问题。

① 若购买一件标价为 1000 元的商品,顾客得到的优惠率是多少？

解

② 对于标价在 $[500,800]$ 内的商品,顾客购买标价为多少元的商品,可获得不小于 1/3 的优惠率？

解

 **百炼成钢**

(1) 添置一台价值 8 万元的新机器,每天使用的维修费为 $10 + \dfrac{x}{4}$ 元(x 为使用的天数),那么该机器使用多少天后,再购买新机器使用最为经济？

解

(2) 某产品的总成本 y(万元)与产量 x(台)之间的函数关系是 $y = 3000 + 20x - 0.1x^2 (0 < x < 240, x \in \mathbf{N})$,若每台产品的售价为 25 万元,则生产者

不亏本时(销售收入不小于总成本)的最低产量是多少台?

解

(3) 某商场销售一批衬衫,平均每天可售出 20 件,每件盈利 40 元。为扩大销售增加盈利,尽快减少库存,商场决定采取降价措施。经调查发现,若每件衬衫每降价 1 元,商场平均每天可以多售出 2 件。

① 若每件降价 x 元,每天盈利 y 元,求 y 与 x 的关系式。

解

② 若商场平均每天要盈利 1200 元,每件衬衫应降价多少元?

解

③ 每件衬衫降价多少元时,商场每天盈利最多?盈利多少?

解

9.4 二次函数的应用(二)

有的放矢

本节通过利用数学模型解决实际问题的过程[理解],进一步培养严谨的思维,强化分析问题和解决问题的能力[应用]。我们用 2 学时完成。

案例赏析

有一批材料可以建成 200 m 的围墙,如果用此材料在一边靠墙的地方围成一块矩形场地,中间用同样的材料隔成三个面积相等的矩形,如图 9-14 所示。

问围成的矩形最大面积为多少平方米(围墙厚度不计)。

解

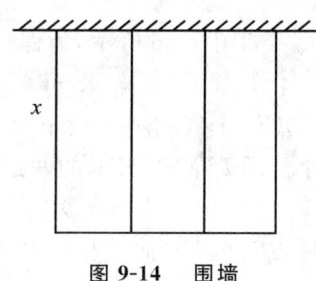

图 9-14 围墙

钩玄提要

解应用题往往需要在具体的情境中去理解、分析问题,并舍弃与数学无关的因素,通过抽象转化成相应的数学问题。

解应用题的一般步骤如下:

实际问题 → 数学问题 → 求解数学问题 → 还原成实际问题的答案

 学以致用

（1）用长为 8 m 的铁丝围成一个矩形，问矩形的长宽各是多少时，所求矩形的面积最大？最大面积是多少？

解

（2）用长为 8 m 的铁丝围成一个矩形场地，场地一边靠墙，问矩形的长宽各是多少时，场地的面积最大？最大面积是多少？

解

（3）将一条长为 20 cm 的铁丝剪成两段，并以每一段铁丝的长度为周长各做成一个正方形，则这两个正方形面积之和的最小值是多少平方厘米？

解

 案例赏析

如图 9-15 所示，在矩形 $ABCD$ 中，已知 $AB = 8$，$BC = 4$。在 AB、AD、CD、CB 上分别截取 AE、AH、CG、CF 都等于 x，当 x 为何值时，四边形 $EFGH$ 的面积最大？求出这个最大面积。

解

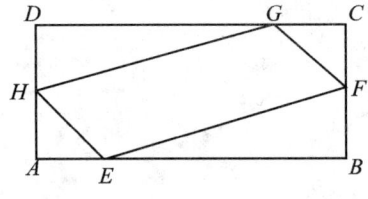

图 9-15　矩形与面积

 学以致用

如图 9-16 所示，为保护环境，实现城市绿化，某房地产公司要在拆迁地矩形 $ABCD$ 上规划出一块矩形地面建造住宅区小公园 $POCR$（公园的两边分别落在 BC 和 CD 上），但不能超过文物保护区 $\triangle AEF$ 的线 EF。问，如何设计才能使公园占地面积最大？并求出最大面积。已知 $AB = CD = 200$ m，$BC = AD = 160$ m，$AE = 60$ m，$AF = 40$ m。

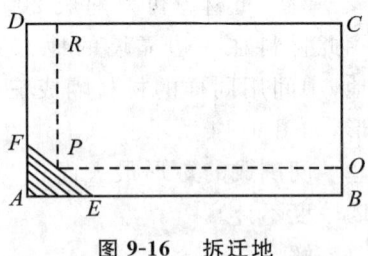

图 9-16　拆迁地

解

 **小试牛刀**

用长度为 24 m 的材料围成一矩形场地,并且中间加两道隔墙,要使矩形的面积最大,则隔墙的长度为多少米?

解

 初露锋芒

用 48 m 长的竹篱笆围建一矩形养鸡场,养鸡场一面用砖砌成,另三面用竹篱笆围成,并且在与砖墙相对的一面开 2 m 宽的门(不用篱笆),问养鸡场的边长为多少米时,养鸡场占地面积最大?最大面积是多少?

解

 **百炼成钢**

(1) 已知 $ABCD$ 是等腰梯形,$AB = 10$,$CD = 4$,腰 $AD = BC = 5$,设动点 M 由点 $B \to C \to D \to A$,求 $\triangle MAB$ 的面积 S 与点 M 所行路程 x 之间的函数关系。

解

(2) 某租赁公司拥有汽车 100 辆,当每辆车的月租金为 3000 元时,可全部租出;每辆车的月租金每增加 50 元,未租出的车将会增加一辆。租出的车每辆每月需要维护费 150 元,未租出的车每辆每月需要维护费 50 元。

① 当每辆车的月租金定为 3600 元时,能租出多少辆车?

解

② 当每辆车的月租金定为多少元时,租赁公司的月收益最大?最大月收益是多少?

解

趣味阅读

神奇的"莫比乌斯带"

曾当过著名数学家高斯助教的莫比乌斯在1858年与另一位数学家各自独立发现了单侧的曲面,其中最闻名的是"莫比乌斯带"。制作这种曲面,只要取一片长方纸条,把一个短边扭转180°,然后把这边跟对边粘贴起来,就形成一条"莫比乌斯带"。当用刷子油漆这个图形时,能连续不断地一次就刷遍整个曲面。如果一个没有扭转过的带子一面刷遍了,要想把刷子挪到另一面,就必须把刷子挪动跨过带子的一条边沿。"莫比乌斯带"有点神秘,一时又派不上用场,但是人们还是根据它的特性编出了一些故事。

据说有一个小偷偷了一位很老实农民的东西,并被当场捕获,将小偷送到县衙,县官发现小偷正是自己的儿子。

于是在一张纸条的正面写上:小偷应当放掉,而在纸的反面写了:农民应当关押。县官将纸条交给执事官由他去办理。聪明的执事官将纸条扭了个弯,用手指将两端捏在一起。然后向大家宣布:根据县太爷的命令放掉农民,关押小偷。县官听了大怒,责问执事官。执事官将纸条捏在手上给县官看,从"应当"二字读起,确实没错。仔细观看字迹,也没有涂改,县官不知其中奥秘,只好自认倒霉。县官知道执事官在纸条上做了手脚,怀恨在心,伺机报复。一日,又拿了一张纸条,要执事官一笔将正反两面涂黑,否则就要将其拘役。执事官不慌不忙地把纸条扭了一下,粘住两端,提笔在纸环上一划,又拆开两端,只见纸条正反面均涂上黑色。县官的毒计又落空了。

现实中可能根本不会发生这样的故事,但是这两个故事却很好地反映出"莫比乌斯带"的特点。

"莫比乌斯带"在生活和生产中已经有了一些用途。例如,用皮带传送的动力机械的皮带就可以做成"莫比乌斯带"状,这样皮带就不会只磨损一面了。如果把录音机的磁带做成"莫比乌斯带"状,就不存在正反两面的问题了,磁带就只有一个面了。

"莫比乌斯带"是一种拓扑图形,什么是拓扑呢?拓扑所研究的是几何图形的一些性质,它们在图形被弯曲、拉大、缩小或任意的变形下保持不变,只要在变形过程中不使原来不同的点重合为同一个点,又不产生新点。换句话说,这种变换的条件是:在原来图形的点与变换了图形的点之间存在着一一对应的关系,并且邻近的点还是邻近的点。这样的变换称为拓扑变换。拓扑学还有一个形象说法 —— 橡皮几何学。

因为,如果图形都是用橡皮做成的,就能把许多图形进行拓扑变换。例如,一个橡皮圈能变形成一个圆圈或一个方圈。但是一个橡皮圈不能由拓扑变换成为一个阿拉伯数字8。因为不把圈上的两个点重合在一起,圈就不会变成8。"莫比乌斯带"正好满足了上述要求。

项目十

几 何 识 图

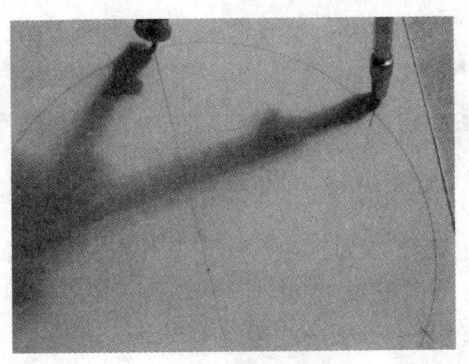

　　自古希腊时代起,人们就已经创造了尺规作图的游戏,这是一个十分有趣的游戏,吸引着许多人去探索。希腊人认为,几何的基本原则是只用极少的定义、公理推导出尽可能多的命题,因此作图的工具要限制到不能再少的程度。希腊人还认为,学几何是为了训练人的思维,靠人去思考,而不是靠作图工具。因此,就规定了作图只能使用直尺和圆规这两种最简单的工具。

　　平面几何学的作图方法规定:直尺无刻度,它的用法是经过两点可以作一直线;可以无限制地延长一直线。圆规的用法是以任意给定的点为中心,以任意给定的长为半径,可以作圆或画弧。用圆规、直尺作图时只能有限次使用圆规和直尺。此外还规定对于直线与直线、直线与圆(或弧)、圆(或弧)与圆(或弧)相交可以求它们的交点,这一整套的规定也称为平面几何作图公法。

10.1 尺规作图(一)

 **有的放矢**

本节重点学习尺规作图的基本方法[掌握],解决不同的平面几何作图[应用]。要求同学们在 2 学时内完成。

 案例赏析

钩玄提要

用无刻度的直尺和圆规作一线段等于已知线段,此例看似简单,它却是最基本的几何作图的方法。数学中称为几何基本作图法。

如图 10-1 所示,MN 为已知线段,你能用直尺和圆规准确地画一条与 MN 相等的线段吗?你是如何画图呢?与同伴进行交流,请一些同学展示成果。

作法:① 如图 10-2 所示,画射线 AB,

② 在射线 AB 上截取 $AC = MN$,即用圆规量出线段 MN 的长,以点 A 为圆心、以 MN 的长为半径画弧,交射线 AB 于点 C。

所以,线段 AC 就是所要画的线段。

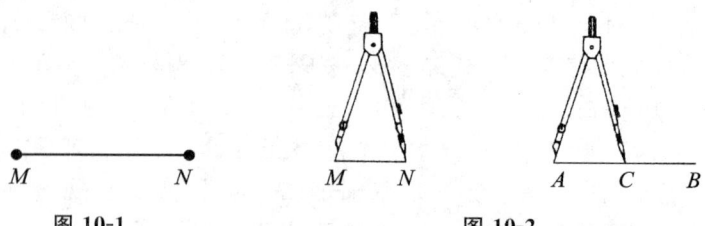

图 10-1   图 10-2

 **学以致用**

作图时,要求学生能口头表述作法,并能正确作出图形(保留作图痕迹),作出图形应为正方形。

(1) 如图 10-3 所示,已知线段 a 和两条互相垂直的直线 AB、CD。

① 利用圆规,在射线 OA、OB、OC、OD 上作线段 OA'、OB'、OC'、OD',使它们分别与线段 a 相等。

② 依次连接 A'、B'、C'、D'、A',得到了一个怎样的图形?与同伴交流。

图 10-3   作图一

（2）如图 10-4 所示，已知线段 a 和 b，直线 AB、CD 垂直且相交于 O。利用尺规，按下列要求作图。

你得到了一个怎样的图形?与同伴交流。

① 在射线 OA、OB、OC 上作线段 OA'、OB'、OC'，使它们分别与线段 a 相等；

② 在射线 OD 上作线段 OD'，使 OD' 等于 b；

③ 依次连接 A'、B'、C'、D'、A'。

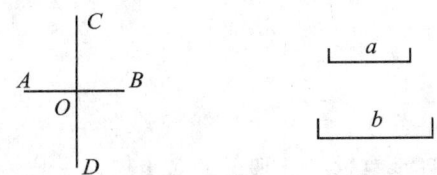

图 10-4　作图二

（3）已知线段 AB，画出它的垂直平分线。

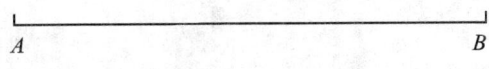

图 10-5　作图三

① 说出你的作图思路。

② 讨论：能否说出这种画法的依据，小组讨论交流一下。

过直线外一点作直线的垂线。

已知：直线 a 及直线 a 外一点 A（画出直线 a、点 A）；求作直线 a 的垂线 b，使得垂线 b 经过点 A。

作法：① 以点 A 为圆心，以适当长为半径画弧，交直线 a 于点 C、D；

② 以点 C 为圆心，以 AD 长为半径在直线另一侧画弧；

③ 以点 D 为圆心，以 AD 长为半径在直线另一侧画弧，交前一条弧于点 B；

④ 经过点 A、B 作直线 AB。

直线 AB 就是所画的垂线 b。如图 10-6 所示。

钩玄提要

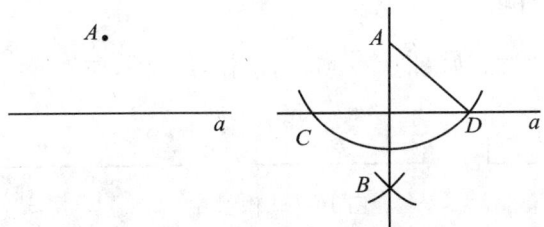

图 10-6　作图四

学以致用

求作线段 MN 的垂直平分线。

作法:① _____ 为圆心,_____ 为半径作弧,两弧相交于 _____;

② 作 _____AB,则 _____ 线段 MN 的垂直平分线。

 **知识宝库**

什么是线段垂直平分线?

是过线段的中点且垂直这条线段的直线。

线段垂直平分线有哪些特征?

线段垂直平分线上的点到线段两端点的距离相等;反之,到线段两端点距离相等的点在线段的垂直平分线上。

 小试牛刀

已知两条线段 a、t,求作:直角 $\triangle ABC$,使直角 $\angle A$ 的平分线等于 t,一直角边 $AB = a$,请你说说对这种画图方法的理解。

 初露锋芒

(1) 你本节学到了什么?

(2) 在你所学的知识中,重点是什么?

(3) 在你所学的知识中应该注意什么?

(4) 你对本节的学习过程有何想法?

 **百炼成钢**

已知线段 a、b 和 c 如图 10-7 所示,求作:线段 l,使 $l = a + b + c$;

$\quad a \quad \qquad b \qquad \qquad c$

图 10-7 作图五

10.2 尺规作图（二）

 **有的放矢**

本节重点学习尺规作图、作角的平分线，作一个角等于已知角［掌握］，学会尺规作图的实际应用［应用］。要求同学们在 2 学时内完成。

 **案例赏析**

如图 10-8 所示，要在长方形木板上截一个平行四边形，使它的一组对边在长方形木板的边缘上，另一组对边中的一条边为 AB。

① 请过 C 点画出与 AB 平行的另一条边；

② 如果你只有一个圆规和一把没有刻度的直尺，能解决这个问题吗？

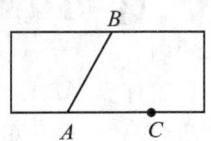

图 10-8　作图六

你想如何处理此问题？

钩玄提要

要在长方形木板上截一个平行四边形，按图 10-8 所示的方式（平行四边形的一组对边在长方形的边缘上），只要保证过点 C 作出与 AB 平行的另一条线段即可。而要过 C 点作 AB 的平行线，通过作一个角等于 $\angle BAC$ 即可。

知识宝库

图 10-9 中，$\angle AOB$ 为已知角，按下列步骤用圆规和直尺准确地画一个角等于 $\angle AOB$。

① 画射线 $O'A'$；

② 以 O 点为圆心，以适当长为半径画弧，交 OA 于 C，交 OB 于 D；

③ 以 O' 点为圆心，以 OC 长为半径画弧，交 $O'A'$ 于 C'；

④ 以 C' 点为圆心，以 CD 长为半径画弧，交前一条弧于 D'；

⑤ 经过点 D' 画射线 $O'B'$。

所以，$\angle A'O'B'$ 就是所要画的角。

用量角器验证你作的角与已知角是否相等。

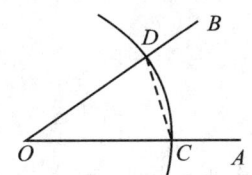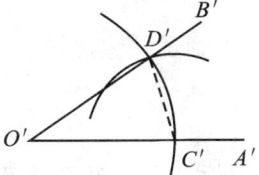

图 10-9　作图七

你能用所学的知识说明其中的理由吗?

(由作图过程可知:$OD = O'D'$,$OC = O'C'$,$CD = C'D'$,所以 $\triangle COD \cong \triangle C'O'D'$,根据全等三角形对应角相等可知 $\angle AOB = \angle A'O'B'$。)

 学以致用

(1)利用尺规完成本节课开始提出的问题。

(2)如图 10-10 所示,某汽车队要从 A 城穿越沙漠去 B 城,途中需要到河流 L 边为汽车加水。问,汽车在河边哪一点加水,才能使行驶的总路程最短?请你用尺、规作出这一点(不写作法,但要保留作图痕迹)。

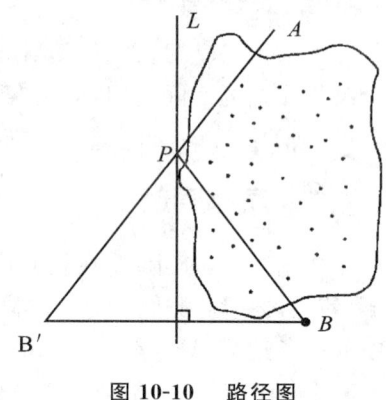

图 10-10　路径图

【分析】根据两点之间线段最短的公理内容知,若 A、B 两点分在 L 的两旁,则只需连结 AB,AB 与 L 的交点即是。但是此题 A、B 在 L 的同侧,这样就想到轴对称的问题,因此作 B 点关于 L 的对称点 B',连结 AB',AB' 与 L 的交点即是所要找的点。所以,P 点就是所求的加水点,路线 APB 就是所求的行驶路线。

 小试牛刀

学生讨论后,边叙述画法边作图。

已知两边及夹角,请你利用直尺和圆规分别画出满足图 10-11 条件的 $\triangle ABC$(不写画法,保留作图痕迹)。

① 作 $\angle MBN = \angle \alpha$;

② 在射线 BM 上截取 $AB = a$;

③ 在射线 BN 上截取 $BC = b$;

④ 连接 AC 两点。

所以,$\triangle ABC$ 就是所画的三角形。

还有其他的画法吗?动手试一试。

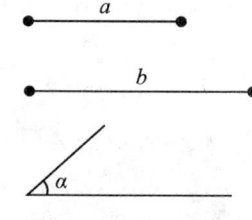

图 10-11　线、角作图

如,先作线段 $BC = a$,画 $\angle MBC = \angle \alpha$,在射线 BM 上截取 $AB = a$,连接 AC 两点也可即得 $\triangle ABC$。

你从画图中得到了什么启示?

同学们各抒己见。

(观察一个图形是由几个点确定的,能否画出这些点?若能,就可画出这个图形,若不能,就无法画出这个图形。为了便于分析,可画出草图)。

定,并对某些结论进行论证,了解一些简单几何体的表面积与体积的计算方法;培养和发展学生的空间想象能力、推理论证能力、运用图形语言进行交流的能力以及几何直观能力;使学生感受、体验从整体到局部、从具体到抽象,由浅入深、由表及里、由粗到细等认识事物的一般科学方法。

简单几何体是由空间的点、线、面构成的,归根到底是由空间的点所构成的,空间直线间的位置关系有哪些?我们是如何区分它们的?

空间两条直线间的位置关系:

(1) 相交直线 —— 有且仅有一个公共点,在同一平面;

(2) 平行直线 —— 没有公共点,在同一平面;

(3) 异面直线 —— 没有公共点,不同在任何一个平面内。

异面直线的判定定理:过平面内一点与平面外一点的直线,和平面内不经过该点的直线是异面直线。

在图 10-15 所示的正方体中,指出哪些直线与直线 AB 是相交直线,哪些是平行直线,哪些是异面直线?

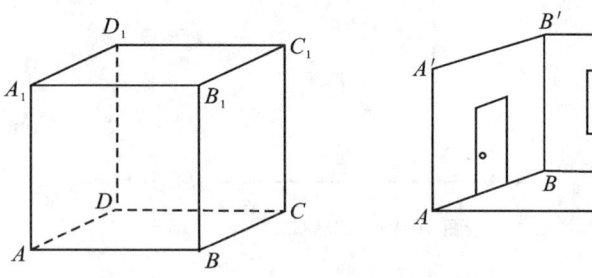

图 10-15 正方体

公理一:如果一条直线上的两点在一个平面内,那么这条直线上所有的点都在这个平面内。

公理二:如果两个平面有一个公共点,那么它们还有其他公共点,且所有这些公共点的集合是一条过这个公共点的直线。

公理三:经过不在同一条直线上的三点,有且只有一个平面。

推论 1:经过一条直线和这条直线外的一点,有且只有一个平面。

推论 2:经过两条相交直线,有且只有一个平面。

推论 3:经过两条平行直线,有且只有一个平面。

"空间直线与平面的位置关系"是空间几何中最基本的位置关系之一,直线与平面的位置关系有且只有以下三种:

直线在平面内 —— 有无数个公共点;

直线与平面相交 —— 有且只有一个公共点;

直线与平面平行 —— 没有公共点。

10.3 棱柱、棱锥、棱台的结构特征

有的放矢

本节重点认识棱柱、棱锥、棱台的结构特征[掌握]，根据实物、模型概括出棱柱、棱锥、棱台的结构特征[了解]。要求同学们在 2 学时内完成。

案例赏析

经典的建筑给人以美的享受，其中奥秘为何？世间万物，为何千姿百态？

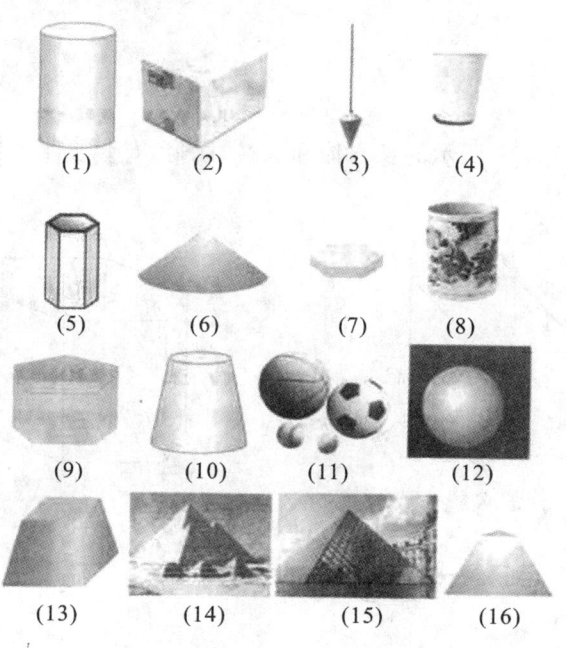

图 10-16 各种形状的物体

① 观察图 10-16 所示的各种物体，它们有什么几何结构特征？你能对它们进行分类吗？依据是什么？

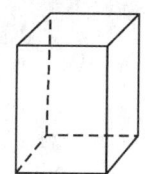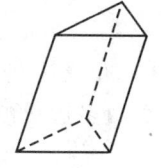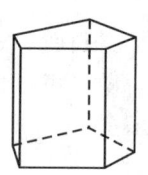

图 10-17 几何体

钩玄提要

我们把由若干平面多边形围成的几何体称为多面体。

我们把由一个平面图形绕它所在平面内的一条定直线旋转所形成的封闭几何体称为旋转体。

② 观察图 10-17 所示的几何体并思考：具备哪些性质的几何体称为棱柱？

③ 如图 10-18 所示，过 BC 的截面截去长方体的一角，所得的几何体是不是棱柱？为什么？

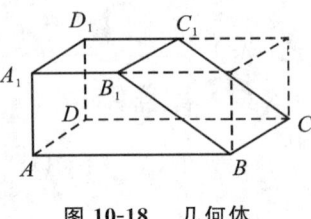

图 10-18　几何体

④ 观察图 10-19 所示的长方体和六棱柱，各有多少平行平面？能作为底面的各有几对？

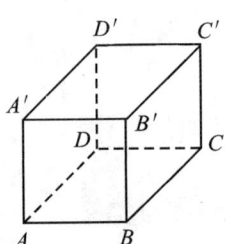 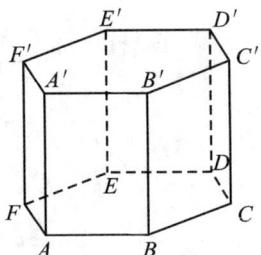

图 10-19　长方体和六棱柱

 **知识宝库**

棱柱的分类：棱柱的底面可以是三角形、四边形、五边形、…… 我们把这样的棱柱分别叫做三棱柱、四棱柱、五棱柱、……

棱柱的表示法：用平行的两底面多边形的字母表示棱柱。

学以致用

如图 10-20 所示的是一个"有两个面互相平行,其余各面都是平行四边形"的几何体,这个几何体是棱柱吗?

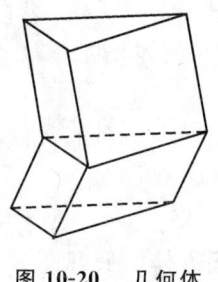

图 10-20　几何体

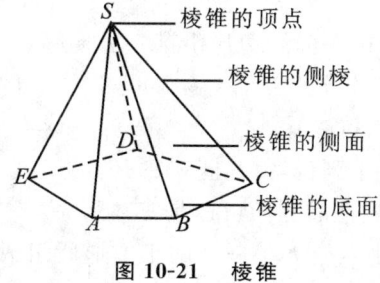

棱锥的顶点
棱锥的侧棱
棱锥的侧面
棱锥的底面

图 10-21　棱锥

钩玄提要

棱锥的概念:有一个面是多边形,其余各面是有一个公共顶点的三角形,由这些面所围成的几何体称为棱锥。这个多边形面称为棱锥的底面,有公共顶点的三角形称为棱锥的侧面,各侧面的公共顶点称为棱锥的顶点,相邻侧面的公共边称为棱锥的侧棱。如图 10-21 所示。

知识宝库

棱锥的分类:按底面多边形的边数,可以分为三棱锥、四棱锥、五棱锥、……

棱锥的表示方法:用表示顶点和底面的字母表示,如四棱锥 $S\text{-}ABCD$。

案例赏析

讨论图 10-22 所示的两个图形的相同点与不同点。

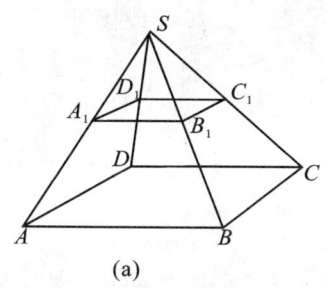

(a)

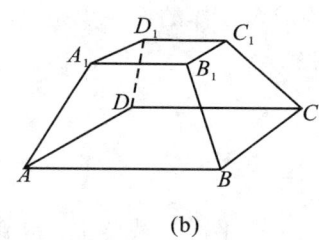

(b)

图 10-22　几何图形

知识宝库

棱台的概念:用一个平行于棱锥底面的平面去截棱锥,底面和截面之间的部分称为棱台。

由三棱锥、四棱锥、五棱锥 …… 截得的棱台,分别称为三棱台,四棱台,五棱台……

棱台的表示法：棱台用表示上、下底面各顶点的字母来表示，如图 10-22(b) 中的，棱台表示为 $ABCD\text{-}A_1B_1C_1D_1$。

小试牛刀

（1）由平面六边形沿某一方向平移形成的空间几何体是（   ）。

A. 六棱锥　　　　　　　　　　B. 六棱台

C. 六棱柱　　　　　　　　　　D. 非棱柱、棱锥、棱台的几何体

（2）下列说法中，正确的是（   ）。

A. 棱柱的侧面可以是三角形

B. 由六个大小一样的正方形所组成的图形是正方体的展开图

C. 正方体的各条棱都相等

D. 棱柱的各条棱都相等

（3）一个骰子由 $1 \sim 6$ 六个数字组成，请你根据图 10-23 中所示的三种状态所显示的数字，推出"?"处的数字是（   ）。

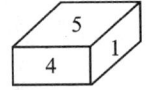 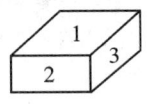 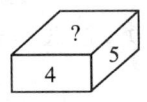

图 10-23　骰子图形

A. 6　　　　　　B. 3　　　　　　C. 1　　　　　　D. 2

（4）有两个面互相平行，其余各面都是梯形的多面体是（   ）。

A. 棱柱　　　　B. 棱锥　　　　C. 棱台

D. 可能是棱台，也可能不是棱台，但一定不是棱柱或棱锥

（5）构成多面体的面最少是（   ）。

A. 三个　　　　B. 四个　　　　C. 五个　　　　D. 六个

初露锋芒

（1）用一个平面去截棱锥，得到两个几何体，下列说法正确的是（   ）。

A. 一个几何体是棱锥，另一个几何体是棱台

B. 一个几何体是棱锥，另一个几何体不一定是棱台

C. 一个几何体不一定是棱锥，另一个几何体是棱台

D. 一个几何体不一定是棱锥，另一个几何体不一定是棱台

（2）甲说"用一个平面去截一个长方体，截面一定是长方形"；乙说"有一个面是多边形，其余各面都是三角形的几何体是棱锥"。这两种说法（   ）。

A. 甲正确乙不正确　　　　　　　　B. 甲不正确乙正确

C. 甲正确乙正确　　　　　　　　　D. 甲不正确乙不正确

 **百炼成钢**

如图 10-24 所示,长方体 $ABCD\text{-}A_1B_1C_1D_1$ 的长、宽、高分别是 5 cm、4 cm、3 cm,一只蚂蚁从 A 到 C_1 点,沿着表面爬行的最短距离是多少。

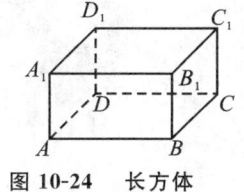

图 10-24　长方体

10.4　空间几何的三视图

 **有的放矢**

本节重点学习正投影法的方法、特性及三视图成图原理和规律[掌握],能绘制(识读)简单的三视图,学会规范画图的方法和技能[应用]。要求同学们在 2 学时内完成。

 **案例赏析**

(1) 从不同方向看同一架飞机和同一辆小轿车,如图 10-25 所示。

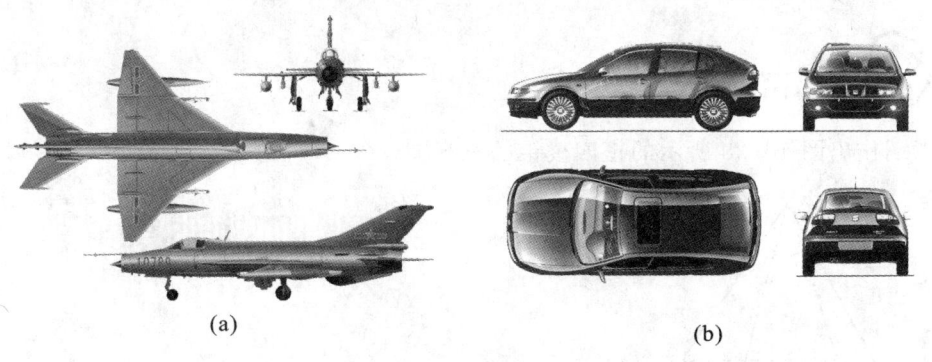

说明了什么问题?

(a)　　　　　　　　　　　　　(b)

图 10-25　飞机和汽车

说说图 10-25 中每个侧面图分别是从哪个方向看的?给你有什么启发?我们怎样才能全面认识一个物体呢?

为了能完整、确切地表达物体的形状和大小,必须从多方面观察物体。在几何中,我们通常选择＿＿＿＿、＿＿＿＿、＿＿＿＿ 三个方向观察物体。这样就可以把一个立体图形用几个平面图形来描述。

（2）说一说图 10-26 所示的圆柱体的三视图，并填空。

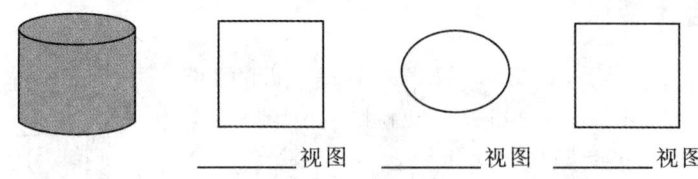

_____视图　　　_____视图　　　_____视图

图 10-26 图柱体

（3）说说图 10-27 所示的长方体的三视图。

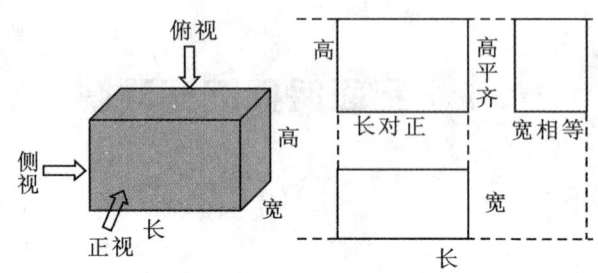

图 10-27 长方体

**知识宝库**

三视图之间的度量对应关系：
正视俯视长相等且对正；
俯视左视宽相等且对应；
正视左视高相等且平齐。

小试牛刀

作出图 10-28 所示的正四棱锥的三视图。

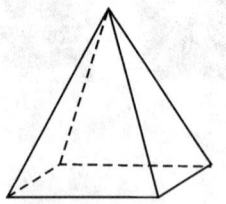

　　　　正视图　　　　　　侧视图　　　　　　俯视图

图 10-28 正四棱锥

初露锋芒

(1) 画出图 10-29 所示立体图形的三视图。

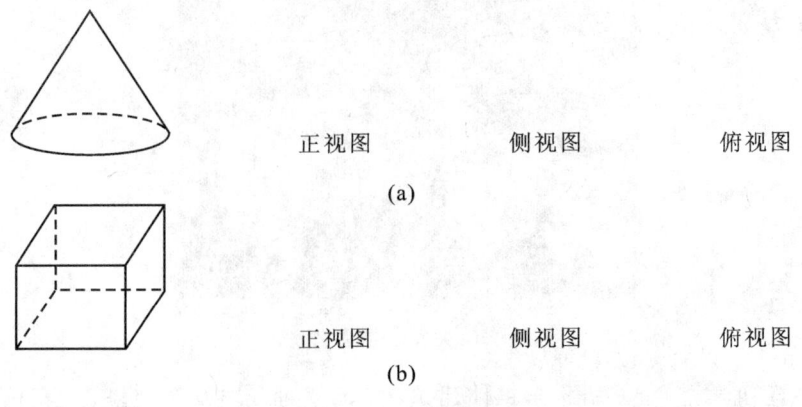

正视图　　　　　侧视图　　　　　俯视图

(a)

正视图　　　　　侧视图　　　　　俯视图

(b)

图 10-29　立体图形一

(2) 图 10-30 中,指出左面三个平面图形分别是右面这个物体的三视图中的哪个视图。

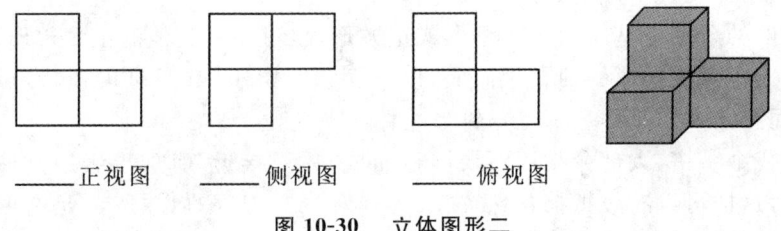

____正视图　　____侧视图　　____俯视图

图 10-30　立体图形二

 百炼成钢

(1) 想一想,球的三视图怎样画。

(2) 画出图 10-31 所示几何体的三视图。

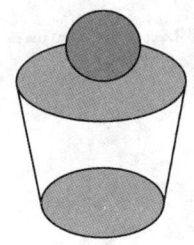

图 10-31　几何体

趣味阅读

哈夫拉金字塔

在建筑学上，金字塔指角锥体建筑物。著名的有埃及金字塔，还有玛雅金字塔、阿兹特克金字塔（太阳金字塔、月亮金字塔）等。先民们把金字塔视为重要的纪念性建筑，如陵墓、祭祀地，甚至是寺庙。20世纪70年代开始，由于建筑技术的演进，达到轻质化、可塑化、良好的空调与采光，有些建筑师会从几何学选取元素，如现代金字塔式。

一般的金字塔基座为正三角形或正方形，也可能是其他的正多边形，侧面由多个三角形或梯形的面相接而成，顶部面积非常小，甚至呈尖顶状，像一个金字，而且金字塔基本上都是角锥形物体。

古代金字塔，大部分是用石块堆积而成，质心接近基座，层级越高使用材料越少，这样可以有效抵挡自然灾害。连锋利的小刀都难以插入，足有四十层楼高。可见埃及劳动人民的智慧。

"金字塔"是古埃及人埋葬国王和王后的陵墓，古埃及人建造金字塔的历史始于第三王朝（公元前2686年），距今已有四千六百多年。鼎盛时期出现于法老胡夫以及其后的两代君主卡夫拉和孟卡拉统治时期，他们都选择了吉萨地区沙漠与绿洲的交界处建造他们的金字塔和其他附属建筑。公元前五世纪，古希腊著名历史学家希罗多德游历埃及时记下了最早关于金字塔的文字，近代关于金字塔的研究开始于拿破仑入侵埃及之后进行调查的资料。

埃及金字塔的功能不仅是当墓穴，在统治者健在时还起礼仪建筑的作用。当初，在未完工的金字塔前，都要建一座小型宫殿，统治者在位33年及此后每隔3年都要在那里庆祝法老的生辰。法老在庆典中，要向群臣证明，他是一个英明的君主、勇敢的军人和生殖功能非凡的男子。

项目十一

概　　率

　　在日常生活中经常会遇到以下现象：连续投掷一枚硬币，正面朝上的结果有几次？买一张彩票，中奖的可能性有多大？这些都与本项目要学习的概率有着密码的联系。

11.1 等可能性事件的概率

有的放矢

本节重点学习等可能性事件的概率[掌握]，会求等可能性事件的概率[应用]。要求同学们在 2 学时内完成。

案例赏析

钩玄提要

基本事件：一次试验连同其中可能出现的每一个结果称为一个基本事件。

通常此试验中的某一事件 A 由几个基本事件组成。如果一次试验中可能出现的结果有 n 个，即此试验由 n 个基本事件组成，而且所有结果出现的可能性都相等。那么每一个基本事件出现的概率都是 $1/n$。如果某个事件 A 包含的结果有 m 个，那么事件 A 的概率 $P(A) = m \times (1/n)$，亦可表示为 $P(A) = m/n$。

（1）掷一枚均匀的硬币，可能出现的结果有：正面向上，反面向上。由于硬币是均匀的，可以认为出现这两种结果的可能发生是相等的，即可以认为出现"正面向上"的概率是 1/2，出现"反面向上"的概率也是 1/2。又如抛掷一个骰子，它落地时向上的数可能是 1、2、3、4、5、6 中的一个，即可能出现的结果有 6 种。由于骰子是均匀的，可以认为这 6 种结果出现的可能发生都相等，即出现每一种结果的概率都是 1/6。问，骰子落地时向上的数是 3 的倍数的概率是多少？

解 由于向上的数是 3,6 这两种情形之一出现时，"向上的数是 3 的倍数"这一事件（记作事件 A）发生。因此事件 A 的概率

$$P(A) = 2/6 = 1/3$$

（2）有 10 个型号相同的杯子，其中一等品 6 个，二等品 3 个，三等品 1 个。从中任取 1 个，取到各杯子的可能性是相等的。由于是从 10 个杯子中任取 1 个，共有 10 种等可能的结果。又由于其中有 6 个一等品，从这 10 个杯子中取到一等品的结果有 6 种。因此，可以认为取到一等品的概率是 6/10。同理，可以认为取到二等品的概率是 3/10，取到三等品的概率是 1/10。这和大量重复试验的结果也是一致的。

（3）从 52 张扑克牌中任意抽取一张（记作事件 A），那么不论抽到哪一张都是机会均等的，也就是等可能性的，不论抽到哪一张花色是红心的牌（记作事件 B）也都是等可能性的；又不论抽到哪一张印有"A"字样的牌（记作事件 C）也都是等可能性的。所以各事件发生的概率分别为 $P(A) = 52/52 = 1$，$P(B) = 13/52 = 1/4$，$P(C) = 4/52 = 1/13$。

知识宝库

在一次试验中，等可能出现的 n 个结果组成一个集合 I，这 n 个结果就是集合 I 的 n 个元素。各基本事件均对应于集合 I 的含有 1 个元素的子集，包含 m

个结果的事件 A 对应于 I 的含有 m 个元素的子集 A。因此从集合的角度看,事件 A 的概率是子集 A 的元素个数(记作 $\mathrm{card}(A)$)与集合 I 的元素个数(记作 $\mathrm{card}(I)$)的比值。有

$$P(A) = \frac{m}{n} = \frac{\mathrm{card}(A)}{\mathrm{card}(I)}$$

上面掷骰子落地时向上的数是 3 的倍数这一事件 A 的概率

$$P(A) = \frac{\mathrm{card}(A)}{\mathrm{card}(I)} = \frac{2}{6} = \frac{1}{3}$$

 **案例赏析**

(1) 先后抛掷两枚均匀的硬币,计算:

① 两枚都出现正面向上的概率;

② 一枚出现正面向上、一枚出现反面向上的概率。

如果先后抛 3 枚均匀的硬币,结果会是多少?

(2) 在 100 件产品中,有 95 件合格品,5 件次品。从中任取 2 件,计算:

① 2 件都是合格品的概率;

② 2 件都是次品的概率;

③ 1 件是合格品、1 件是次品的概率。

 **学以致用**

某号码锁有 6 个拨盘,每个拨盘上有从 0 到 9 共十个数字,当 6 个拨盘上的数字组成某一个六位数字号码(开锁号码)时,锁才能打开。如果不知道开锁号码,试开一次就把锁打开的概率是多少?

解

 **小试牛刀**

在 40 根纤维中,有 12 根的长度超过 30 mm。从中任取 1 根,取到长度超过 30 mm 的纤维的概率是多少?

解

初露锋芒

在 10 支铅笔中,有 8 支正品和 2 支副品。从中任取 2 支,恰好都取到正品的概率是多少?

解

 **百炼成钢**

有 6 个房间,只安排 4 个人住,每个人可以随意进一间,每一间也可以住几个人,求有两个房间各有两人入住的概率。

解

11.2 随机事件的概率

 **有的放矢**

本节重点学习随机事件的概率[掌握],会求相应事件的概率[应用]。要求同学们在 2 学时内完成。

钩玄提要

在条件 S 下可能发生也可能不发生的事件称为随机事件;在条件 S 下必然要发生的事件称为必然事件;在条件 S 下不可能发生的事件称为不可能事件。

确定事件和随机事件统称为事件,一般用大写字母 A,B,C… 表示

你能举出上述各种事件的例子吗?

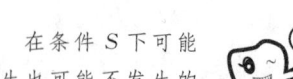 **案例赏析**

观察下列事件发生与否,各有什么特点?

(1) 地球不停地转动;(必然发生)

(2) 木柴燃烧,产生能量;(必然发生)

(3) 在常温下,石头风化;(不可能发生)

(4) 某人射击一次,中靶;(可能发生也可能不发生)

(5) 掷一枚硬币,出现正;(可能发生也可能不发生)

(6) 在标准大气压下且温度低于 0℃ 时,雪融化。(不可能发生)

 学以致用

实验(1):把一枚硬币抛多次,观察其出现的结果,并记录各结果出现的频

数,然后计算各频率。

上课前一天布置作业,要求学生每人完成 50 次,并完成表 11-1。

表 11-1　完成情况一

抛 掷 次 数	实 验 结 果	频　数	频　率

然后请同学们再以小组为单位,统计好数据,完成表格。

投掷一枚硬币,出现正面的可能性究竟有多大?

实验(2):把一个骰子抛掷多次,观察正面向上的字数出现的结果,并记录各结果出现的频数,然后计算各频率。将实验结果填入表 11-2 中。

表 11-2　完成情况二

抛 掷 次 数	实 验 结 果	频　数	频　率

钩玄提要

在投掷一枚硬币的试验中,正面向上总是不能预知的,经大量的重复试验,随着试验次数的增加,正面向上的频率总是在 0.5 附近摆动。一般地,在大量重复进行同一试验时,事件 A 发生的频率 m/n 总是接近某个常数,这时就把这个常数叫做事件 A 的概率,记作 $P(A)$。

知识宝库

(1) 当频率在某个常数附近摆动时,这个常数就是事件 A 的概率。

(2) 概率与频率的区别:概率是频率的稳定值,而频率是概率的近似值。

(3) 概率的确定方法:通过进行大量的重复试验,用这个事件发生的频率近似地作为它的概率。

(4) 概率的性质:必然事件的概率为 1,不可能事件的概率为 0,随机事件的概率为 $0 \leqslant P(A) \leqslant 1$,必然事件和不可能事件看作随机事件的两个极端情形。

学以致用

指出下列事件是必然事件,不可能事件,还是随机事件。

(1) 某地 1 月 1 日刮西北风;

(2) 当 x 是实数时,$x^2 \geqslant 0$;

(3) 手电筒的电池没电,灯泡发亮;

钩玄提要

如果彩票的中奖率是 1/100,你买 100 张彩票不一定就能中奖,但也许会中几个奖。

（4）一个电影院某天的上座率超过 50%。

案例赏析

（1）某厂一批产品的次品率为 1/10，问任意抽取其中 10 件产品，是否一定会发现一件次品？为什么？

解

（2)10 件产品中次品率为 1/10，问这 10 件产品中必有一件次品的说法是否正确？为什么？

解

学以致用

小明在商场购物后有 5 次抽奖机会，本次活动的中奖率为 50%，你猜小明抽奖结果有几种？

解

小试牛刀

指出下列事件是必然事件，不可能事件，还是随机事件。

① 鸡蛋掉在地上会碎：＿＿＿＿＿＿＿＿＿＿＿＿＿＿＿＿＿＿。

② 打雷就会下雨：＿＿＿＿＿＿＿＿＿＿＿＿＿＿＿＿＿＿＿＿。

③ 小华用篮球投篮的命中率为 50%：＿＿＿＿＿＿＿＿＿＿＿＿。

初露锋芒

某批产品共有 50 件，由于检验不仔细，将 2 件次品也装进去了，那么这批产品的合格率是多少？如果买 2 件产品，可能都是次品吗？

解

 **百炼成钢**

有 5 张票,其中有 2 张电影票,3 人依次抽签得票,求每个人抽到电影票的概率是多少?

解

 趣味阅读

拿硬币游戏

听说过拿硬币游戏吗?如果没听过,就先来熟悉一下拿硬币游戏的规则吧!拿硬币游戏是一个两人玩的游戏,要求每个参加者轮流拿走若干硬币,谁拿到最后一枚硬币谁就算赢。下面我们来实际进行一次拿硬币的游戏。

游戏(1)桌上放着 15 枚硬币,两个游戏者(你和你的一位同学)轮流取走若干枚。规则是每人每次至少取 1 枚,至多取 5 枚,谁拿到最后一枚谁就赢得全部 15 枚硬币。

游戏开始了,你一定在想:有没有能保证你赢的办法呢?若有,这办法又是什么呢?现在你把自己想象成处于即将赢的状态,该你取硬币了,而且桌面上硬币恰好不超过 5 枚,这时,你可以一次拿走桌上的所有硬币,成为赢者。现在,你能不能从这样的终点状态往前推,找出一个状态,使得只要你的对手处在这一状态,那么无论他拿走几枚硬币,你都会处于理想的获胜状态?不难发现,如果你的对手处于桌面有 6 枚硬币的状态,那么无论他拿走几枚(从 1 枚到 5 枚)硬币,桌上都会剩下至少 1 枚至多 5 枚硬币,这样胜利一定属于你。也就是说,谁拿走第(15-6=)9 枚硬币,谁将获胜。于是,游戏(1)获胜情况就与下面游戏(2)结果相同。

游戏(2)桌上放着 9 枚硬币,两个游戏者(你和你的一位同学)轮流取走若干枚。规则是每人每次至少取 1 枚,至多取 5 枚,谁拿到最后一枚谁就赢得 9 枚硬币。

由对游戏(1)的倒推分析,我们不难知道,游戏(2)的获胜情况与下面游戏(3)的结果相同。

游戏(3)桌上放着 3 枚硬币,两个游戏者(你和你的一位同学)轮流取走若干枚。规则是每人每次至少取 1 枚,至多取 5 枚,谁拿到最后一枚谁就赢得 3 枚硬币。

在游戏 3 中,你只要第一个从桌上拿走 3 枚硬币便可赢。可见,你要在游戏(1)中取胜,只要第一个取走桌面上的 3 枚硬币便一定能赢。

想一想:利用上面的最佳战略方法和你的小朋友做下面的游戏:桌上放

30 枚硬币,两个游戏者(你和你的一位同学)轮流取走若干枚。规则是每人每次至少取 2 枚,至多取 6 枚,谁拿到最后一枚谁就赢得全部 30 枚硬币。

相信你,准赢。

项目十二

统　　计

　　我们生活中的每一天都会遇到大量的统计问题和统计数字。我们生活在信息时代,信息的主体就是统计数据。所以,不仅从事统计和经济研究、管理的人必须懂得如何运用统计数据,从事各行各业的人也都应该有一点统计知识,能正确运用和读懂统计数据。

12.1 统计学常用概念

有的放矢

本节重点学习普查、抽样调查、总体、个体、样本、样本容量这几个常见的统计学概念[掌握],能够根据统计数据进行准确判断[应用]。要求同学们在 2 学时内完成。

案例赏析

钩玄提要

案例中提到的 10000 筐秭归脐橙的等次是一个总体,每一筐脐橙的等次是个体,被抽查出来进行检测的脐橙是样本,被抽查出来的筐数则是样本容量。同学们,试试看,你能叙述一下总体、个体、样本、样本容量的概念吗?

某同学欲去柑橘种植大户家收购秭归脐橙 10000 筐,但却不知道如何判断这些脐橙的等次,你能帮帮他吗?

试写出判断脐橙等次的方法如下。

方案一:

_____。

方案二:

_____。

方案三:

_____。

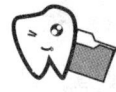

知识宝库

(1) 与统计学有关的几个概念。

总体:在统计学中,所要考察对象的全体称为总体。

个体:组成总体的每一个考察对象称为个体。

样本:从总体中抽取的部分个体称为总体的样本。

样本容量:样本中个体的数目称为样本容量。

普查:为了一定的目的而对考察对象进行的全面调查。

抽样调查:从总体中抽取部分个体进行调查,这种调查称为抽样调查。

(2) 简单随机抽样的概念。

一般而言,设一个总体含有 N 个个体,从中逐个不放回的抽取 n 个个体作为样本($n \leqslant N$),如果每次抽取时总体内的每个个体被抽到的机会相等,就把这种方法称为简单随机抽样,这样抽取的样本,称为简单随机样本。

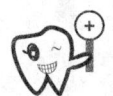 **案例赏析**

（1）为了解我市市区及周边近 170 万人的出行情况，科学规划轨道交通，2010 年 5 月，400 名调查者走入 1 万户家庭，发放 3 万份问卷，进行调查登记．该调查中的样本容量是（　　）。

　　A. 170 万　　　　　B. 400　　　　　C. 1 万　　　　　D. 3 万

（2）为了解我市 20000 名七年级学生的身高，从中抽取了 500 名学生，对其身高进行统计分析，以下说法正确的是（　　）。

　　A. 20000 名学生是总体

　　B. 每个学生是个体

　　C. 500 名学生是抽取的一个样本

　　D. 每个学生的身高是个体

（3）某同学为了解宜昌东站今年"春运"期间每天乘车人数，随机抽查了其中 5 天的乘车人数。所抽查的这 5 天中每天的乘车人数是这个问题的（　　）。

　　A. 总体　　　　　B. 个体　　　　　C. 样本　　　　　D. 样本容量

 **学以致用**

（1）为了检验 2000 支日光灯管的使用寿命，从中抽出 10 支测量使用寿命，这种调查方式为＿＿＿＿＿＿，总体为＿＿＿＿＿＿，个体为＿＿＿＿＿＿，样本为＿＿＿＿＿＿。

（2）为了解我校 2012 年入学的 800 名学生期中数学考试情况，从中抽取了 200 名学生的数学成绩进行统计，下列判断中正确的有（　　）。

　　① 这种调查方式是抽样调查；

　　② 800 名学生的数学成绩是总体；

　　③ 每名学生的数学成绩是个体；

　　④ 200 名学生是总体的一个样本；

　　⑤ 200 名学生是样本容量。

　　A. 1 个　　　　　B. 2 个　　　　　C. 3 个　　　　　D. 4 个

（3）2000 年某区有 15000 名学生参加高考，为调查他们的数学考试情况，评卷人抽取了 800 名学生的数学成绩进行统计，那么下列四个判断中正确的是（　　）。

　　A. 每一名学生的数学成绩是个体

　　B. 15000 名学生是总体

　　C. 800 名考生是总体的一个样本

　　D. 上述调查是普查

（4）为了解我市中学生中 15 岁女生的身高状况，随机抽查了 10 个学校的

200 名 15 岁女生的身高,则下列表述中正确的是( )。

    A. 总体指我市全体 15 岁的女中学生

    B. 个体是 10 个学校的女生

    C. 个体是 200 名女生的身高

    D. 抽查的 200 名女生的身高是总体的一个样本

 **小试牛刀**

某校为了了解七年级 600 名学生期中数学考试情况,从中抽取了 100 名学生的数学成绩进行了统计。下面 5 个判断中正确的有( )。

    ① 这种调查方式是抽样调查;

    ② 600 名学生是总体;

    ③ 每名学生的数学成绩是个体;

    ④ 100 名学生是总体的一个样本;

    ⑤ 100 名学生是样本容量。

    A. ①②   B. ①③   C. ①②④   D. ①③④⑤

 初露锋芒

(1) 为了了解一批电视机的使用寿命,从中抽取 100 台电视机进行试验,这个问题的样本是( )。

    A. 这批电视机

    B. 这批电视机的使用寿命

    C. 抽取的 100 台电视机的使用寿命

    D. 100 台

(2) 为了了解参加某校运动会的 1000 名运动员的年龄情况,从中抽取了 100 名运动员的年龄,就这个问题,下面说法正确的是( )。

    A. 1000 名运动员是总体

    B. 每个运动员是个体

    C. 抽取的 100 名运动员是样本

    D. 每个运动员的年龄是个体

 **百炼成钢**

(1) 今年我市有 9 万名初中毕业生参加升学考试,为了了解这 9 万名考生的数学成绩,从中抽取 2000 名考生的数学成绩进行统计分析。在这个问题中,总体是( )。

    A. 9 万名考生   B. 2000 名考生

    C. 9 万名考生的数学成绩   D. 2000 名考生的数学成绩

（2）一次数学考试的考生约 12 万名，从中抽取 5000 名考生的数学成绩进行分析，在这个问题中样本指的是（　　）。

A. 5000　　　　　　　　　　B. 5000 名考生的数学成绩

C. 12 万考生的数学成绩　　　D. 5000 名考生

（3）为了了解我市 2003 年 17200 名学生参加初中升学考试成绩情况，市教育局从中抽取了 291 名考生的数学试卷进行成绩统计，在这个问题中，下列说法中正确的是（　　）。

① 这 17200 名考生的数学升学考试成绩的全体是总体；

② 每个考生是个体；

③ 291 名考生是总体的一个样本；

④ 样本容量是 291。

A. 4 个　　　　B. 3 个　　　　C. 2 个　　　　D. 1 个

12.2　方差、标准差

有的放矢

本节重点学习方差、标准差等概念［掌握］，能利用方差、标准差判断数据的波动［应用］。要求同学们在 2 学时内完成。

案例赏析

乒乓球的标准直径为 40 mm，质检部门从 A、B 两厂生产的乒乓球中各抽取了 10 只，对这些乒乓球的直径进行了检测，结果如下（单位：mm）。

A 厂：40.0，39.9，40.0，40.1，40.2，39.8，40.0，39.9，40.0，40.1。

B 厂：39.8，40.2，39.8，40.2，39.9，40.1，39.8，40.2，39.8，40.2。

你认为哪个厂生产的乒乓球的直径与标准的误差更小呢？

① 请你算一算它们的平均数和极差。

② 是否由此就断定两厂生产的乒乓球直径同样标准？

③ 把所有差相加，把所有差取绝对值相加，把这些差的平方相加。

钩玄提要

案例中提到了几个概念，试试看，你能否归纳出方差、极差、标准差的定义？

方差：_____。

极差：_____。

标准差：_____。

④ 你认为哪种方法更能反映数据的波动情况？

 **知识宝库**

（1）方差是各数据与平均数之差的平方的平均数。

（2）方差的计算公式：

$$s^2 = \frac{1}{n}\left[(x_1 - x_0)^2 + (x_2 - x_0)^2 + \cdots + (x_n - x_0)^2\right]$$

其中，x_0 表示样本的平均数，n 表示样本的数量，x_n 表示个体，s^2 表示方差。

（3）极差是用来表示统计资料中的变异量数最大值与最小值之间的差距，即最大值减最小值后所得之数据。

（4）标准差也称均方差，是各数据偏离平均数的距离的平均数，它是离均差平方和平均后的方根，用 σ 表示。标准差是方差的算术平方根。标准差能反映一个数据集的离散程度。平均数相同的，标准差未必相同。

 案例赏析

已知两组数据如下，分别计算这两组数据的方差。

甲：9.9，10.3，9.8，10.1，10.4，10，9.8，9.7。

乙：10.2，10，9.5，10.3，10.5，9.6，9.8，10.1。

 **知识宝库**

本例的求解步骤为：

① 求平均数；② 求方差；③ 比较方差得出结论。

 **学以致用**

（1）已知一组数据为 2，0，-1，3，-4，则这组数据的方差为 _____。

（2）甲、乙两名学生在相同的条件下各射靶 10 次，命中的环数如下。

甲：7，8，6，8，6，5，9，10，7，4。

乙：9，5，7，8，7，6，8，6，7，7。

经过计算，两人射击环数的平均数相同，但命中率甲 _____ 乙，所以确定 _____ 去参加比赛。

(3) 甲、乙两台机床生产同种零件,10 天出的次品分别是如下。

甲:0,1,0,2,2,0,3,1,2,4。

乙:2,3,1,2,0,2,1,1,2,1。

分别计算出两个样本的平均数和方差,根据你的计算判断哪台机床的性能较好?

小试牛刀

(1) 样本方差的作用是( )。

A. 估计总体的平均水平

B. 表示样本的平均水平

C. 表示总体的波动大小

D. 表示样本的波动大小,从而估计总体的波动大小

(2) 已知样本数据 101,98,102,100,99,则这个样本的标准差是( )。

A. 0   B. 1   C. 3   D. 2

(3) 如果给定数组中每一个数都减去同一非零常数,则数据的( )。

A. 平均数改变,方差不变

B. 平均数改变,方差改变

C. 平均数不变,方差不变

D. 平均数不变,方差改变

初露锋芒

(1) 从甲、乙两种农作物中各抽取 1 株苗,分别测得它的苗高如下(单位:cm)。

甲:9,10,11,12,7,13,10,8,12,8。

乙:8,13,12,11,10,12,7,7,9,11。

问:① 哪种农作物的苗长得比较高?

② 哪种农作物的苗长得比较整齐?

(2) 段巍和金志强两人参加体育项目训练,近期的 5 次测试成绩如表 12-1 所示,谁的成绩比较稳定?为什么?

表 12-1　　成绩表

测 试 次 数	1	2	3	4	5
段　　魏	13	14	13	12	13
金志强	10	13	16	14	12

 **百炼成钢**

（1）用方差的计算公式计算：201，198，202，200，199 的方差与标准差。

（2）甲、乙两组数据的方差之和为 13，标准差之和为 5，且甲的波动比乙的波动大，求它们各自的标准差。

（3）在某次数学考试中，甲、乙两校各 8 个班，不及格的人数分别如下。
甲：0，2，3，2，1，1，2，1。
乙：1，1，4，0，1，4，1，0。
分别计算这两组数据的平均数与方差。

12.3　常见统计图表

 **有的放矢**

　　本节重点学习扇形统计图、直方统计图、折线统计图、条形统计图的概念及识图方法[掌握]，能读取图中的信息并能绘制出简单的图表[应用]。要求同学们在 4 学时内完成。

先介绍条形统计图。

案例赏析

山东省某城镇邮政局,对甲、乙两个支局的报刊发行部 2002 年度报纸的发行量进行了统计,绘成统计图,如图 12-1、图 12-2 所示。请根据图 12-1、图 12-2 所示的统计图反映的信息,完成以下计算。

钩玄提要

你认识这些图形所表示的意思吗?你能结合例题,说出它的定义吗?

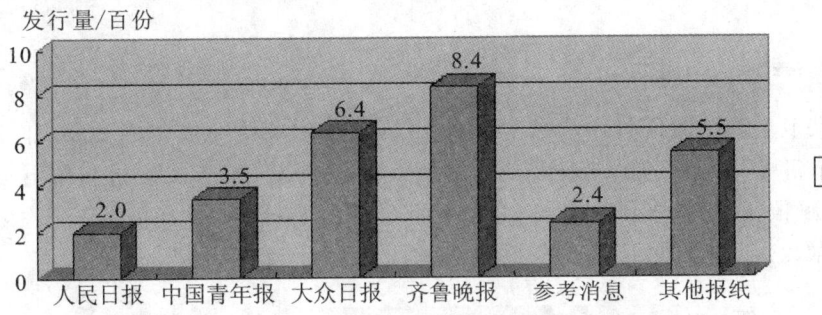

图 12-1　甲发行量

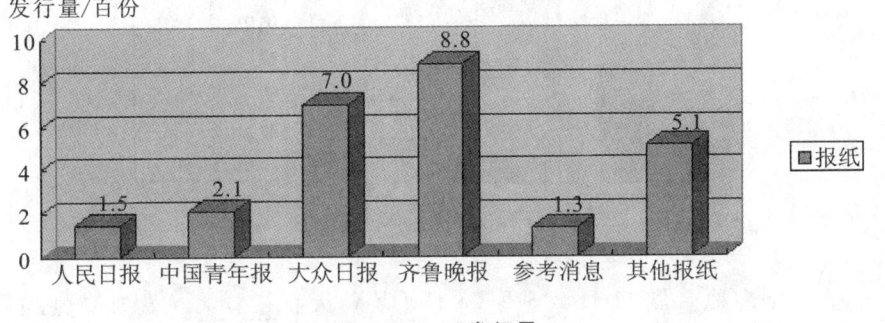

图 12-2　乙发行量

① 哪个支局发行《齐鲁晚报》的份数多?多多少?

② 已知甲、乙两个支局所服务的居民区住户分别是 11280 户、8600 户,那么,哪个居民区平均每户订阅报纸的份数多?试说明理由?

知识宝库

条形统计图的定义:用一个单位长度表示一定的数量,根据数量的多少画成长短不同的直条,再把这些直条按照一定的顺序排列起来,这样的统计图称为条形统计图。

条形统计图的特点:条形统计图能清楚地表示出每个项目的具体数字,即根据条形统计图可以直接看到被统计对象的准确数据。

频数:在调查中每个对象所出现的次数称为频数。一般我们称落在不同小组中的数据个数为该组的频数。

频率:频数与数据总数的比为频率。频率反映了各组频数的大小在总数中所占的份量,频率100%就是百分比。

 案例赏析

国家卫生部信息统计中心根据国务院新闻办公室授权发布的 2003 年全国内地 5 月 21 日至 5 月 25 日非典型性肺炎发病情况,按年龄段进行统计分析,各年龄段发病的总人数如图 12-3 所示(发病的病人年龄在 0 ~ 80 岁之间),请你观察图形回答下面的问题。

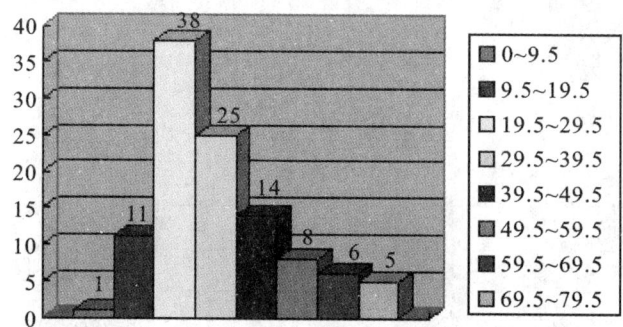

图 12-3　非典型性肺炎发病情况统计

① 全国内地 5 月 21 日至 5 月 25 日平均每天有_____人患非典性肺炎。

② 年龄在 29.5 ~ 39.5 岁这一组的频数是_____;频率是_____。

③ 根据统计图,年龄在_____范围内的人发病最多。

 学以致用

某地 2009—2013 年的年降水量如表 12-2 所示。

表 12-2　年降水量

年　　份	2009	2010	2011	2012	2013
降水量(mm)	920	860	1005	670	704

根据表的数据,制成条形统计图,并归纳出制作步骤。

 **知识宝库**

条形统计图的制作步骤如下。

① 先写上统计图的标题和作图的时间。

② 根据图纸的大小,画出两条互相垂直的射线。并在射线上标明各自代表的内容(这里用横轴代表年份,用纵轴代表降水量)。

③ 在水平射线上,适当分配条形的位置,确定直条的宽度和间隔(这里用 0.5 cm 宽的直条表示一个年份,间隔也是 0.5 cm 宽)。

④ 在与水平射线垂直的射线上,根据数据大小的具体情况,确定单位长度所代表的数量(这里用 0.5 cm 的长度表示 200 mm)。

⑤ 按照数据大小,画出长短不同的直条,并注明数量。

 **案例赏析**

同学们,你们了解牛奶所含的营养成分吗?这是一个有关牛奶所含营养成分的扇形统计图,如图 12-4 所示。请同学们认真观察一下,看看你能了解到什么?

介绍扇形统计图。

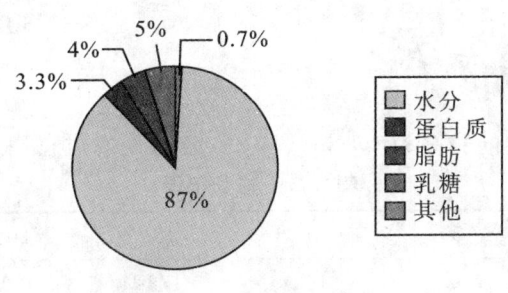

图 12-4　牛奶的营养成分

① 牛奶中所含营养成分有哪些?

② 它们各自所占比例是多少?

③ 如果每天喝一袋 250 克的牛奶,能补充营养成分各多少克?该怎样解决这个问题呢?

钩 玄 提 要

你能准确地说出扇形统计图的定义及作图的步骤吗?

 **知识宝库**

扇形统计图:利用圆和扇形来表示总体和部分的关系,圆代表总体,圆中

的各个扇形分别代表总体中的不同部分。它可以很清楚地表示各部分数量同总数之间的关系。

绘制扇形统计图的方法:用整个圆的面积表示总数,用圆内各个扇形的大小表示各部分数量占总数的百分数。

第一步:要计算总数是多少。

第二步:要算出各部分量相当于总数的百分之几。

第三步:要算出扇形的圆心角的度数($360° \times$ 部分量相当于总数的百分之几 = 圆心角的度数各部分圆心角的度数和要等于 $360°$)。

第四步:画出圆和扇形。

 **学以致用**

某校图书管理员清理阅览室的课外书籍时,将其中甲、乙、丙三类书籍的有关数据制成如图 12-5 所示的不完整的统计图,已知甲类书有 30 本,则丙类书的本数是(　　)。

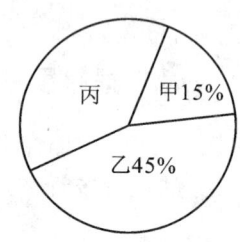

A. 90　　　　　　　　　　　B. 144

C. 200　　　　　　　　　　D. 80

图 12-5　书籍统计图

 **案例赏析**

介绍折线统计图。

某同学出生时的身高为 47 cm,表 12-3 表示他的成长记录。

表 12-3　成长记录

年龄(岁)	5	10	15	20	25
身高(cm)	92	140	178	183	185

该同学的生长情况,可用折线统计图表示出来,如图 12-6 所示。

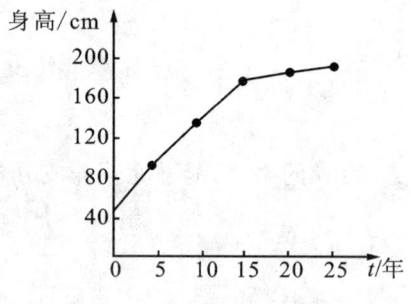

图 12-6　成长折线统计图

① 你能看出图 12-6 所表示的意思吗?

② 试试看,你能否准确地写出折线统计图的定义?

③ 折线统计图有哪些优势?

知识宝库

折线统计图的定义:用一个单位长度表示一定的数量,根据数量的多少描出各点,然后把各点用线段顺次连接起来,所得的图形称为折线统计图。

折线统计图的优势:能清楚地反映事物的变化情况,即根据折线统计图能清楚地看出事物变化的趋势。

案例赏析

美化城市、改善人们的居住环境已成为城市建设的一项重要内容。某市城区这几年来,通过拆迁旧房、植草、栽树、修建公园等措施,使城区绿化面积不断增加,如图 12-7 所示,根据图中所提供的信息,回答下列问题。

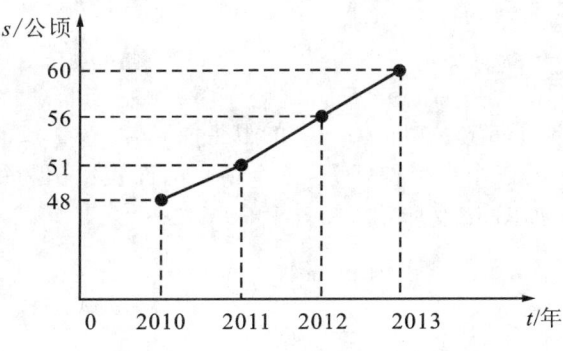

图 12-7　城区每年年底绿地面积统计图

① 2013 年年底的绿地面积为多少公顷?将比 2012 年年底增加了多少公顷?

② 在 2011 年、2012 年、2013 年这三年中,增加绿地面积最多的是哪一年?

③ 为满足城市发展的需要,计划在 2014 年年底使城市绿地面积达到70.2公顷,试求 2014 年绿地面积的年增长率?

 **学以致用**

（1）已知一组数据中含有 20 个数据：68，69，70，66，68，65，64，65，69，62，67，66，65，67，63，65，64，61，65，66。如果将这 20 个数据分成 5 组，64.5 ～ 66.5 这一组的频数为_____，频率为_____。

（2）某市气象台统计过去一周的气温变化情况，应选择_____ 统计图；统计我国五十六个民族占全国人口的比例，应选择_____ 统计图；某校统计七年级每个年龄段的具体数目，应选择_____ 统计图。

（3）我国加入世贸组织后，小汽车的价格基本处于逐年下降趋势，为了表示某一款轿车的价格变化情况，采用_____ 统计图更适宜。

（4）图 12-8 所示的是某肯德基店在 2003 年 12 月—2004 年 3 月营业额情况统计图。从图中可以看出，2004 年 1 月营业额开始_____，2 月营业额比 1 月下降了_____%；3 月营业额开始_____，比 2 月增长_____%，但和 2003 年 12 月营业额相比，只占它的_____%。

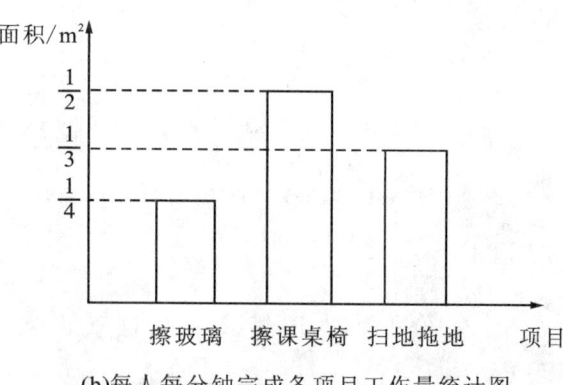

图 12-8 营业额图

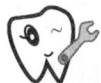 **小试牛刀**

（1）某班 13 位同学参加每周一次的卫生大扫除，按学校的要求需要完成总面积为 80 m² 的三个项目的任务，三个项目的面积比例和每人每分钟完成各项目的工作量如图 12-9 所示。

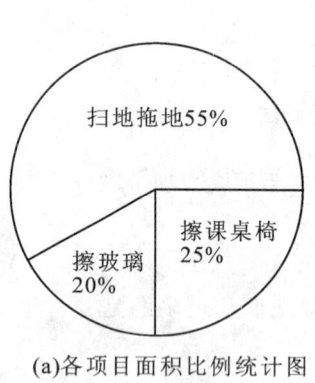

(a)各项目面积比例统计图　　　　(b)每人每分钟完成各项目工作量统计图

图 12-9 统计数据

① 从统计图中可知：每人每分钟能擦课桌椅_____ m²；擦玻璃、擦课桌椅、扫地拖地的面积分别是_____ m²、_____ m²、_____ m²。

② 如果 x 人每分钟擦玻璃的面积是 y m²,那么 y 关于 x 的函数关系为_____。

(2) 某班同学进行数学测验,将所得成绩(得分数取整数)进行整理分成五组,并绘制成频率分布直方图,如图 12-10 所示。请结合直方图提供的信息,回答下列问题。

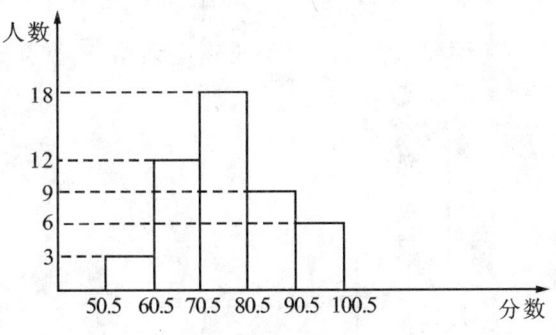

图 12-10　成绩分布

(1) 该班共有_____名学生参加这次测验。

(2) 60.5 ~ 70.5 这一分数段的频数为_____,频率为_____。

(3) 根据统计图,请你再提出一个问题,并回答你所提出的问题。

 初露锋芒

(1) 表 12-4 给出了从 1950 年到 2000 年全世界人口变化的数据,完成下列工作。

表 12-4　世界人口变化

时间 / 年	人口 / 亿
1950	25
1960	30
1970	37
1980	45
1990	52
2000	60

条形统计图

① 用条形统计图表示上表的数据;

② 选用合适的统计图表示世界人口的变化情况；

③ 从上述统计图中，你能得到什么结论？

(2) 江涛同学统计了他家 10 月份的长途电话明细，并按通话时长画出直方图，如图 12-11 所示。

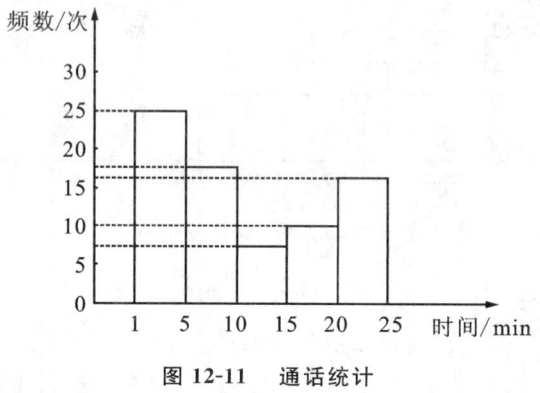

图 12-11 通话统计

① 他家这个月一共打了多少次长途电话？

② 通话时间不足 10 min 的有多少次？

③ 哪个时间范围的通话最多？哪个时间范围的通话最少？

 百炼成钢

(1) 政府为了更好地加强城市建设，以发调查表的方式就社会热点问题广泛征求市民意见，要求每位被调查人员只写一个你最关心的有关城市建设的问题。经统计整理，发现关注环境保护问题的最多，共 700 个，同时制作了相应的条形统计图，如图 12-12 所示，请回答下列问题。
① 共收回调查表多少张？

② 关注道路交通问题的有多少人？

③ 请你把这个条形统计图用扇形统计图表示出来。

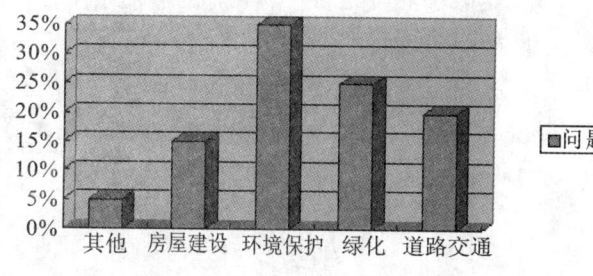

图 12-12　热点问题　　　　　　　　　　扇形统计图

（2）如图 12-13 所示的是我校某班学生数学期中考试情况统计图，请回答下列问题。

① 考 60 ～ 79 分的人数占总人数的百分之几？

② 不及格的人数是考 90 ～ 100 分的人数的几分之几？

③ 已知考 90 ～ 100 分的人数是 30 人，请问该班共有学生多少人？

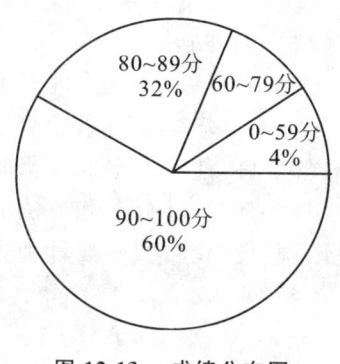

图 12-13　成绩分布图

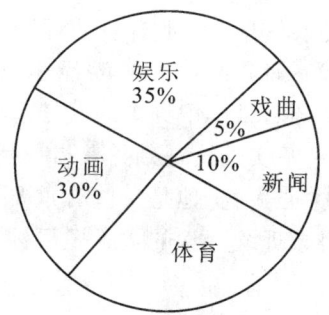

图 12-14　调查数据

（3）为调查某校 2000 名学生对新闻、体育、动画、娱乐、戏曲五类电视节目的喜爱情况，随机抽取部分学生进行调查，并结合调查数据作出如图 12-14 所示的扇形统计图。根据统计图提供的信息，可估算出该校喜爱体育节目的学生共有（　　）。

　　A. 300 名　　　　B. 400 名　　　　C. 500 名　　　　D. 600 名

（4）某校开展形式多样的"阳光体育"活动，学生积极响应，全员参与。统计情况如下：参加篮球队的人占 35%，参加乒乓球队的人占 15%，参加跳绳队的人占 20%，参加排球队的人占 20%，参加其他运动的占 10%，请你用统计图表把学生参加运动的情况表示出来。

 趣味阅读

数理统计学的奠基人

　　20 世纪上半叶，数理统计学发展成为一门成熟的学科，这在很大程度上要归功于英国统计学家 R·A·费歇尔（Ronald Aylmer Fisher），他的贡献对这门学科的建立起了决定性的作用。

　　费歇尔 1890 年 2 月 17 日生于伦敦，1909 年入剑桥大学学习数学和物理，1913 年毕业，之后他曾投资办工厂，到加拿大某农场管理杂务，还当过中学教员，1919 年参加了罗萨姆斯泰德试验站的工作，致力于数理统计在农业科学和遗传学中的应用和研究。1933 年他离开了罗萨姆斯泰德，去任伦敦大学优生学高尔顿讲座教授，1943—1957 年任剑桥大学遗传学巴尔福尔讲座教授。他还于 1956 年起任剑桥冈维尔·科尼斯学院院长。1959 年退休后，去澳大利亚，在那里度过了他最后的三年。费歇尔在罗萨姆斯泰德试验站工作期间，曾对长达 66 年之久的田间施肥、管理试验和气候条件等资料加以整理、归纳、提取信息，为他日后的理论研究打下了坚实的基础。

　　1920—1950 年期间，费歇尔对当时被广泛使用的统计方法，进行了一系列理论研究，给出了许多现代统计学中的重要的基本概念，从而使数理统计成为一门有坚实理论基础并获得广泛应用的数学学科，他本人也成为当时统计学界的中心人物。他是一些有重要理论和应用价值的统计分支和方法的开创者。他对数理统计学的贡献主要涉及估计理论、假设检验、实验设计和方差分析等重要领域。

项目十三

趣 味 数 学

  数学,不是远离现实的无用和无聊的说教,而是在五彩缤纷的生活中总结出来的共同规律。本章通过引人入胜的生活故事、煞费脑筋的疑难怪题、趣味无穷的数学游戏,带你进入妙趣横生的数学世界,让你了解生动奥妙的数学知识,从全新的角度走进魔幻趣味之门。

13.1 速算 24 点

 **有的放矢**

本游戏是在规定的时间内将给出的四张牌用 +、-、×、÷、( ) 符号组成一个数学运算式,只要其运算结果为 24 即为成功。以此游戏为载体,可极大限度地调动同学们眼、脑、手、口、耳多器官的协调活动,培养我们快捷的心算能力和反应能力,从而培养我们学习数学的浓厚兴趣。

 **案例赏析**

用扑克牌玩"速算 24 点"游戏在世界各国广泛流传,这种游戏可以一个人甚至多个人玩。最常见的一种玩法是使用四种花色 A ～ 10 共四十张牌,游戏规则:无论几个人玩,都是每次出四张牌,利用加、减、乘、除四种运算符号,并允许使用括号将四张牌的四个点数不重不漏地使用一次,构造出一个数学运算式,使其结果等于 24。

请根据上述游戏规则,完成下列任务。

(1) 观察下列扑克牌组合,完成游戏:

① 5,5,7,7:_____。

② 3,3,6,6:_____。

③ 1,2,2,6:_____。

④ 1,1,10,2:_____。

(2) 观察下列扑克牌组合,完成游戏:

① 2,5,6,9:_____。

② 9,10,10,2:_____。

③ 9,8,8,7:_____。

④ 2,3,6,8:_____。

(3) 观察下列扑克牌组合,完成游戏:

① 5,5,9,9:_____。

② 5,5,9,10:_____。

③ 2,2,6,7:_____。

④ 5,3,9,8:_____。

 **知识宝库**

速算 24 点的技巧

"速算 24 点"是一种数学游戏,游戏方式简单易学,能健脑益智,是一项极为有益的活动。这里向大家介绍几种常用的、便于学习掌握的方法。

(1) 利用 $3 \times 8 = 24$、$4 \times 6 = 24$ 求解。把牌面上的四个数想办法凑成 3 和 8,4 和 6,再相乘求解。实践证明,这种方法是利用率最大、命中率最高的一种方法。

(2) 利用 0、11 的运算特性求解。如 3、4、4、8 可组成 $3 \times 8 + 4 - 4 = 24$ 等。

(3) 在有解的牌组中,用得最为广泛的是以下六种解法(用 a、b、c、d 表示牌面上的四个数):

① $(a-b) \times (c+d)$,如 $(10-4) \times (2+2) = 24$。

② $(a+b) \div c \times d$,如 $(10+2) \div 2 \times 4 = 24$。

③ $(a-b \div c) \times d$,如 $(3-2 \div 2) \times 12 = 24$。

④ $(a+b-c) \times d$,如 $(9+5-2) \times 2 = 24$。

⑤ $a \times b + c - d$,如 $11 \times 3 + 1 - 10 = 24$。

⑥ $(a-b) \times c + d$,如 $(4-1) \times 6 + 6 = 24$。

 **学以致用**

观察下列扑克牌组合,完成游戏。

① 6,8,7,9:_____。

② 1,1,10,2:_____。

③ 7,8,10,10:_____。

④ 1,1,9,6:_____。

⑤ 2,4,9,10:_____。

⑥ 2,2,4,7:_____。

 **知识宝库**

介绍两种经典的数学速算法。

1) 乘法速算

(1) 十位数是 1 的两位数相乘:乘数的个位与被乘数相加,得数为前积,乘数的个位与被乘数的个位相乘,得数为后积,满十进一。

(2) 个位是 1 的两位数相乘:十位与十位相乘,得数为前积,十位与十位相加,得数接着写,满十进一,在最后添上 1。

(3) 十位相同个位不同的两位数相乘:被乘数加上乘数个位之和与十位数整数相乘,积作为前积,个位数与个位数相乘作为后积加上去。

（4）首位相同,两尾数和等于 10 的两位数相乘:十位数加 1,得出的和与十位数相乘,得数为前积,个位数相乘,得数为后积,没有十位用 0 补。

（5）首位相同,尾数和不等于 10 的两位数相乘:两首位相乘(即求首位的平方),得数作为前积,两尾数的和与首位相乘,得数作为中积,满十进一,两尾数相乘,得数作为后积。

（6）被乘数首尾相同,乘数首尾和是 10 的两位数相乘:乘数首位加 1,得出的和与被乘数首位相乘,得数为前积,两尾数相乘,得数为后积,没有十位用 0 补。

（7）被乘数首尾和是 10,乘数首尾相同的两位数相乘:两首位相乘的积加上乘数的个位数,得数作为前积,两尾数相乘,得数作为后积,没有十位补 0。

（8）两首位和是 10,两尾数相同的两位数相乘:两首位相乘,积加上一个尾数,得数作为前积,两尾数相乘(即尾数的平方),得数作为后积,没有十位补 0。

2) 平方速算

（1）求 11～19 的平方:底数的个位与底数相加,得数为前积,底数的个位乘以个位,得数为后积,满十进一。

（2）个位是 1 的两位数的平方:底数的十位乘以十位(即十位的平方),得数为前积,底数的十位加十位(即十位乘以 2),得数为后积,在个位加 1。

（3）个位是 5 的两位数的平方:十位加 1 乘以十位,在得数的后面接上 25。

（4）21～50 的两位数的平方:在这个范围内有四个数字是关键,求 21～50 之间的两数的平方时,若把它们记住了,就可以很省事了。它们是: $21 \times 21 = 441, 22 \times 22 = 484, 23 \times 23 = 529, 24 \times 24 = 576$。求 25～50 的两位数的平方,用底数减去 25,得数为前积,50 减去底数所得的差的平方作为后积,满百进一,没有十位补 0。

 小试牛刀

（1）观察下列扑克牌组合,完成游戏。

① 10,10,6,7:_____。

② 8,2,8,8:_____。

③ 2,5,9,7:_____。

④ 2,5,8,8:_____。

⑤ 6,5,6,9:_____。

⑥ 6,8,9,8:_____。

（2）实践游戏:请同学们四人一组,各组按游戏规则准备好一副扑克牌进行游戏。

趣味阅读

数学家苏步青成长的故事

苏步青(1902.9.23—2003.3.17),原名苏尚龙,著名数学家,共产党员,浙江省平阳县人。曾任多届全国政协委员、全国人大代表,以及第七、第八届全国政协副主席和民盟中央副主席等职。2003 年 3 月 17 日在上海逝世,享年 101 岁。

1902 年 9 月 23 日是一个普通的日子,可对祖辈从福建同安逃荒到浙江平阳带溪村的苏祖善家来说,那是一个难得的大喜日子。苏祖善家添了一丁,请算命先生给儿子取"步青"为名,寓意"平步青云,光宗耀祖"。

名字毕竟不是"功名利禄"的天梯。正当同龄人纷纷背起书包上学的时候,苏祖善交给儿子的却是一条牛鞭。从此,苏步青头戴一顶父亲编的大竹笠,身穿一套母亲手缝的粗布衣,赤脚骑上牛背当起了"放牛娃"。

每次放牛回家时,他走过村私塾门口,常被琅琅的书声所吸引。有一次,老师正大声念:"苏老泉,二十七,始发愤,读书籍。"他听后,就跟着念了几遍。此后,他竟记住了顺口溜,放牛时当山歌唱。

苏祖善常听儿子背《三字经》、《百家姓》,心存疑惑。有一次,正好看见儿子在私塾门口"偷听",为父的心终于动了,夫妻一合计,决定勒紧裤带,把苏步青送进私塾。

9 岁那年,父亲送他到平阳县城学校作了一名插班生。从山里到县城,什么东西都觉得新奇。他第一次看到馒头里有肉末,常用饭票换成钱买"肉馒头"吃。一个月的饭票提早用完了,只好饿肚子。他见到烧开水的老虎灶,也觉得好玩,把家里带来的鸡蛋掷进锅里,一锅开水变成一锅蛋花汤,烧水工看到气极了,揪住他打了一顿。

他整天玩呀、闹呀,考试时常坐"红交椅",到期末考试,他在班里得了倒数第一名。可是,他的作文写得还不错,私塾里的"偷听",激发了他学习语文的兴趣,为作文打了一点基础。然而,语文老师越看越不相信,总认为苏步青的作文是抄来的。因此还是批给他一个很低的分数。这样,更激发了他的牛脾气,老师越说他不好,他越不好好学,一连三个学期,都是倒数第一名。同学和老师都说他是"笨蛋"。

有一次,地理老师陈玉峰把他叫到办公室,给他讲了一个小故事:"牛顿 12 岁的时候,从农村小学转到城里念书,成绩不好,同学们都瞧不起他。有一次,一个同学蛮横无理地欺负他,一脚踢在他的肚子上。他疼得直打滚。那个同学身体比他棒,功课比他好,牛顿平时很怕他。但这时他忍无可忍,跳起来还击,把那个同学逼到墙角,揪在墙上。那同学见牛顿发起怒来如此勇猛,只好屈服。牛顿从这件事想到做学问的道理也不过如此:只要下定决心,就能把它制服。他发愤图强,努力学习,不久成绩跃居全班第一,后来成了一个伟大的科学家。"

陈老师摸着他的头说:"我看你这个孩子挺聪明嘛,只要肯努力,一定可以考第一名。"又说:"你爸爸、妈妈累死累活,省吃俭用,就是希望你把书念好。像你现在这样子,将来拿什么来报答他们?"苏步青再也抑制不住心灵的震撼,泪水像断线的珍珠淌在自己的胸前,第一次感到自己做错了事。此后,他变成了一个懂事的孩子,不再贪玩,刻苦读书,到期末考试得了全班第一名。

1919年,17岁的苏步青买了一张去日本的船票,余下的170元钱要维持3个月的生活。他每天只能吃两餐饭,无钱请日语老师,只好拜房东大娘为师。最后他用流利的日语回答了主考官的提问,以第一名的成绩进入名牌学校——东京高等工业学校电机系。1924年,他又以第一名的成绩考入日本东北帝国大学数学系,师从著名几何学家洼田忠彦教授。1927年,大学毕业后,他又在课余卖报、送牛奶、当杂志校对和家庭老师,用所挣得的钱交学费,免试升入该校研究生院成为一名研究生,并以坚强的意志,刻苦攻读,接连发表了41篇仿射微分几何和射影微分几何方面的研究论文,开辟了微分几何研究的新领域,被数学界称作"东方国度上升起的灿烂的数学明星"。

13.2　百僧吃馒头

有的放矢

根据百僧吃馒头问题,把握假设问题的基本特点,揭开假设问题的面纱,掌握假设思维的本质及解题技巧,拓展学生思维,让学生体会数学学习的乐趣,积极主动探求新知。

案例赏析

我国明代珠算家程大位的名著《直指算法统宗》里有一道著名算题:

一百馒头一百僧,大僧三个更无争,

小僧三人分一个,大小和尚各几丁?

译成白话文为:100个和尚吃100个馒头。大和尚一人吃3个,小和尚3人吃一个。试问大、小和尚各多少人?

本问题的解法很多,最普通、最常规的办法当然是列方程来求解,但也有一些别开生面的方法。今天我们一起走进开发智力的旅程吧。

① 请同学们用列一元方程解答问题。

② 请同学们用列二元方程组解答问题。

③ 请开动脑筋,你还能想到有什么办法?

 **学以致用**

同一只笼子里关着鸡和兔子。数一下,共有头 35 个,脚 94 只。请问笼中有多少只鸡?多少只兔子?

 **知识宝库**

《直指算法统宗》(简称《算法统宗》) 是中国古代数学名著,由中国明代数学家程大位于公元 1592 年编著完成。

程大位(1533—1606),字汝思,号宾渠,休宁率口(今属屯溪区)人。他少时读书广博,20 岁起开始经商。其间因商务计算需要留心数学,遍访名师,搜集古籍,40 岁时返家潜心钻研,用 20 年时间完成《算法统宗》。全书共 17 卷,列有 595 个应用题的数字计算。

《算法统宗》绝大多数的问题都是从其他数学著作如刘仕隆所著《九章通明算法》(1424 年)和吴敬的《九章算法比类大全》(1450 年)等书中摘取出来的,是一部应用数学书。他以珠算为主要的计算工具,都不用筹算方法,而是用珠算演算。书中评述了珠算规则,完善了珠算口诀,确立了算盘用法,完成了由筹算到珠算的彻底转变。其中,卷 1、卷 2 给出数学名词的解释和珠算口诀,卷 3 ~ 卷 12 是应用问题解法汇编,卷 13 ~ 卷 16 为"难题"汇编,卷 17 为"杂法",最后附有"算经源流"。

其主要成就有:第一次系统全面地论述了珠算的用法,首先提出开平方、开立方的珠算方法,记载了程大位本人发明的"丈量步车",著录了北宋元丰七年(1084 年)以来刊刻的数学书籍 51 种(现仅存 16 种)。该书一出版立即受到欢迎,明末已多次重印,入清以后又出现多种翻刻本及改编本,民间尚有各种抄本流传,成为中国古代流传最广的一部数学书。《算法统宗》明末曾传入朝鲜和日本,对日本数学的发展亦有较大影响。

 **小试牛刀**

(1)桃子一个要三文钱,李子一个要四文钱,而橄榄一文钱可以买七个,

钩玄提要

假设问题是解决数学应用题中最实用、最简捷的一种方法,用假设思维的基本特点在于根据两种不同事物的属性差,利用对其中一个事物的假设得到的假设总数与实际总数的差求出另外一个事物的数量。

若拿一百文钱去买这三种果子,每种都得买,又恰好买一百个,问每种应各买几个?

（2）有 52 名同学去划船,一共乘坐 11 艘船,其中每艘大船坐 6 人,每艘小船坐 4 人,问:有大、小船各多少艘?

13.3　巧分遗产

有的放矢

在我们的生活中,有很多需要应用比例的知识来解决的问题。当我们知道分配的总量和分配比例时,解决这类问题就很容易了。如果题中没有直接告诉我们分配比例,应该怎么办呢?

案例赏析

（1）数学问题涉及生活的方方面面,下面是有关"分遗产"的问题,不论从题目本身还是从它的巧妙解法来看,无不闪耀着数学世界迷人的色彩和数学人的超人智慧!请听著名的《借马分马》故事:

古时候,有一位老人,他有三个儿子和十七匹马。他在临终前对他的儿子们说"我已经写好了遗嘱,我把马留给你们,你们一定要按我的要求去分。"老人去世后,三兄弟看到了遗嘱。遗嘱上写着:"我把十七匹马全都留给我的三个儿子。长子得一半;次子得三分之一;给幼子九分之一。不许流血,不许杀马。你们必须遵从父亲的遗愿。"

请你帮忙解决这三兄弟之间按遗嘱分马的难题。

（2）欧拉的分遗产问题,最早出现于欧拉（1707—1783）的《代数式基础》中,该问题如下。一位老人打算按如下次序和方式分他的遗产:老大分 100 元和剩下财产的 10%；老二分 200 元和剩下财产的 10%；老三分 300 元和剩下财产的 10%；老四分 400 元和剩下财产的 10%；……结果,每个儿子分得一样

钩玄提要

上述案例都是"按比例分配"应用题。

对于较简单的"按比例分配"应用题:先把几个部分量的比转化成各部分占被分配总量的几分之几,然后再用乘法求出各个部分量的值。

对于较复杂的"按比例分配"应用题却不容易解,因为题中通常不直接给出分配量或分配比。不是隐蔽了用来被分配的总量,就是隐蔽了用来分配的比。解题的关键就需要我们根据实际问题,通过转化使题目中的量和比相对应,把较复杂的题转化为基本题。

多。试问这个老人共有几个儿子？

学以致用

在一个牧场，三个人在为分马而大伤脑筋。问题是这样产生的：一共有 23 匹马，甲应得这些马的二分之一，乙应得三分之一，丙应得八分之一。一匹马又不能分成两半，而每个人都坚持自己的份额不能少。聪明的你能否给他们出个好主意呢？

知识宝库

按比例分配：把一个数量按照一定的比进行分配，这种分配方法通常叫做按比例分配。"按比例分配"问题的基本结构是：由分配量、分配比两个部分作条件，问题是求各个部分量是多少。

小试牛刀

（1）有一个财主死后要把 13 粒钻石留给三个女儿，规定大姐应得二分之一，二姐应得三分之一，三妹应得四分之一。而钻石又不能打碎了分，聪明的你能否帮她们分呢？

（2）美国西部有一个大牧场主，自知上了年纪，就把儿子们召集在一起，告诉他们要在他有生之年，趁早把牲口分给他们。

他对大儿子说："约翰，你认为你能饲养多少头奶牛，你就拿走多少。你的妻子南希可以取走剩下奶牛的九分之一。"

他又对二儿子说："萨姆，你除了可拿走同约翰一样多的奶牛外，还可多得一头，因为约翰有了先挑的机会。至于你的妻子萨莉，我要把剩下的奶牛的九分之一给她。"

他对其他儿子也说了上面类似的话：每人拿到的奶牛数比其年龄稍大的兄长所得的奶牛数多出一头，而每个儿子的老婆拿到余下来的奶牛的九分之一。

当最小的儿子拿走了奶牛之后,已经没有奶牛分给他的妻子了。于是大牧场主说道:"马的价值是奶牛的两倍,我将我所有的七匹马按如下原则分配:使每个家庭都分到同样价值的牲口。"

试问:大牧场主共有多少头奶牛?有几个儿子?

13.4 平分牛奶问题

有的放矢

分油、分牛奶问题是非常经典的初等数学趣味题。能积极调动学生思维,开发学生智慧,让学生体会数学学习的乐趣,体现生活中数学无处不在的魅力。

案例赏析

(1)有一天,一位老爷爷推着装满40千克牛奶的两个罐子在街边叫卖。这时来了两个妇人买牛奶,请求他在一只5千克和一只4千克的小桶中,各倒入2千克牛奶。而身边只有这两只罐子和两个小桶。亲,你们能不能不借助其他容器帮卖牛奶的老爷爷一个忙,把牛奶给分好?这需要一些想象力和聪明才智哦。

请给出倒牛奶的方法。

(2)有个人用可装10千克油的桶装了一桶油去卖,正好来了两个要买油的,每人要5千克,但是没有秤,只有两个空桶,分别可以装7千克和3千克的油。请大家想个办法,利用这三只容器来把10千克油分成5千克的两份。请给出分油的方法。

学以致用

有一个装有 4 升牛奶的奶罐,你需要把这 4 升牛奶平分给两位同伴,可是你只有两个空奶罐:一个能容 1.5 升,另一个能容 2.5 升。请你用这三个奶罐把 4 升牛奶平分。

知识宝库

分油问题有很多种表述版本。

版本 1　日本分油问题。有一个装满油的 8 公升容器,另有 5 公升及 3 公升的空容器各一个,且三个容器都没有刻度,试将此 8 公升油分成两个 4 公升。

版本 2　这是法国著名数学家泊松年轻时研究过的一道题:某人有 12 品脱美酒,想把一半赠人,但没有 6 品脱的容器,而只有一个 8 品脱和一个 5 品脱的容器,问怎样才能把 6 品脱的酒倒入 8 品脱的容器中。

版本 3　我国的韩信分油问题:韩信遇到两个路人争执不下,原因是两人有一个装满 10 斤油的桶和 3 斤、7 斤的空油桶各一个,无法平均分出两份,每份 5 斤油。韩信是如何解决这个难题的?

版本 4　史泰因豪斯在《数学万花筒》中的表述:有一个装有 14 千克酒的容器,另外有可装 5 千克和 9 千克酒的容器各一个,要把 14 千克酒平分,该如何办?

版本 5　别莱利曼在《趣味几何学》中表述:一只水桶,可装 12 勺水,还有两只空桶,容量分别为 9 勺和 5 勺,如何把大水桶的水分成两半?

解决这类问题通常有尝试法、几何坐标法和不定方程法。下面讨论用不定方程来解这类题的基本思路。

这类题有几个共同的特点:

(1) 三个容器 N_1、N_2、N 按容积由小到大排列,分别为自然数 N_1、N_2、N;得到的油 M 是小于 N 的自然数;

(2) 两个较小容器的容积数 N_1、N_2 是互素的(不是互素的要简单一些);

(3) 由于容器没有刻度,倒油过程中,较小容器总需要倒空或者填满;

(4) 小容器倒油的次数 X、Y 是整数,最后需要得到的油 M 也是正整数;

(5) 在小容器里得到数量较少的油,如容器 N_1 得到小于等于 N_1 的油;容器 N_2 得到大于 N_1 小于等于 N_2 的油。

所以分油的实质是一个求解二元一次不定方程的解的过程。方程列为:

$$N_2 \times X + N_1 \times Y = M$$

其中,$N = N_1 + N_2$,$M = (N_1 + N_2)/2$,则是平均分油问题,是分油问题的一

个特例。

与一般不定方程有所不同的是,在倒油问题上,这里 X 和 Y 可取正值,也可取负值。正值表示倒满某个小容器的次数且首先将此容器倒满,负值表示从满油小容器倒出的次数。

 **小试牛刀**

(1)调饮料:有两个大小一样的瓶子,一个瓶子装满了牛奶,一个瓶子装满了可可。有甲、乙、丙三只杯子,每只杯子的容积为瓶子容积的三分之一,希望能将牛奶和可可均匀调配好,应该怎么办?

(2)有24斤油,今只有盛5斤、11斤和13斤的容器各一个,请你想办法将油分成三等份。

 趣味阅读

哥德巴赫猜想第一人 —— 陈景润

陈景润(1933年5月22日—1996年3月19日),汉族,福建福州人,中国著名数学家,国际著名数学家。

陈景润出生在贫苦的家庭,母亲生下他来就没有奶汁,靠向邻居借熬米汤活过来。快上学的年龄,因为当邮局小职员的父亲的工资太少,供大哥上学,母亲还要背着不满两岁的小妹妹下地

干活挣钱。这样,平日照看3岁小弟弟的担子就落在小景润的肩上。白天,他带领小弟弟坐在小板凳上,数手指头玩;晚上,哥哥放了学,就求哥哥给他讲算术。稍大一点,挤出帮母亲下地干活的空隙,忙着练习写字和演算。母亲见他学习心切,就把他送进了城关小学。别看他长得瘦小,可十分用功,成绩很好,因而引起有钱人家子弟的嫉妒,经常对他拳打脚踢。他打不过那些人,就淌着泪回家要求退学,妈妈抚摸着他的伤处说:"孩子,只怨我们没本事,家里穷才受人欺负。你要好好学,争口气,长大有出息,那时他们就不敢欺负咱们了!"小景润擦干眼泪,又去做功课了。此后,他再也没流过泪,把身心所受的痛苦,化为学习的动力,成绩一直拔尖,终于以全校第一名的成绩考入了三元县立初级中学。

在初中,他受到两位老师的特殊关注:一位是年近花甲的语文老师,原是位教授,他目睹日本人横行霸道,国民党却节节退让,感到痛心疾首,只可惜自己年老了,就把希望寄托于下一代身上。他看到陈景润勤奋刻苦,年少有为,就经常把他叫到身边,讲述中国 5000 年文明史,激励他好好读书,肩负起拯救祖国的重任。老师常常说得满眼催泪,陈景润也含泪表示,长大以后,一定报效祖国!另一位是不满 30 岁的数学教师,毕业于清华大学数学系,知识非常丰富。陈景润最感兴趣的是数学课,一本课本,只用两个星期就学完了。老师觉得这个学生不一般,就分外下力气,多给他讲,并进一步激发他的爱国热情,说:"一个国家,一个民族,要想强大,自然科学不发达是万万不行的,而数学又是自然科学的基础。"数学老师给同学们讲了一道世界数学难题:"大约在 200 年前,一位名叫哥德巴赫的德国数学家提出了'任何一个大于 4 的偶数均可表示两个素数之和',简称 1+1。他一生也没证明出来,便给俄国圣彼得堡的数学家欧拉写信,请他帮助证明这道难题。欧拉接到信后,就着手计算。他费尽了脑筋,直到离开人世,也没有证明出来。之后,哥德巴赫带着一生的遗憾也离开了人世,却留下了这道数学难题。200 多年来,这个哥德巴赫猜想之谜吸引了众多的数学家,从而使它成为世界数学界一大悬案"。老师讲到这里还打了一个有趣的比喻,数学是自然科学的皇后,"哥德巴赫猜想"则是皇后王冠上的明珠!这引人入胜的故事给陈景润留下了深刻的印象,"哥德巴赫猜想"像磁石一般吸引着陈景润。从此,陈景润开始了摘取数学皇冠上的明珠的艰辛历程……

为证明"哥德巴赫猜想",摘取这颗世界瞩目的数学明珠,陈景润以惊人的毅力,在数学领域里艰苦卓绝地跋涉,辛勤的汗水换来了丰硕的成果。1973 年,陈景润终于找到了一条简明的证明"哥德巴赫猜想"的道路,当他的成果发表后,立刻轰动世界。其中"1+2"被命名为"陈氏定理",同时被誉为筛选法的"光辉的顶点"。他研究哥德巴赫猜想和其他数论问题的成就,至今仍然在世界上遥遥领先,被称为哥德巴赫猜想第一人。

有记者曾问陈景润的人生目的是什么,他说:"是奉献,不是索取。"

13.5 这账怎么算

有的放矢

算账要有明确的逻辑思路。本课所讲的是一类典型的偷梁换柱考察逻辑思维能力的问题,要求学生在列式求解时要注意算式的意义。不考虑实际意义而单纯地罗列数字,往往会把我们的思维带入误区。

 **案例赏析**

(1) 王保长看见雷姑娘在卖大葱,走过去问:"雷姑娘,这大葱怎样卖法?共有多少葱啊?"雷姑娘说:"1千克葱卖1元钱,共有100千克。"王保长眼珠一转,问:"你这葱,葱白多少,葱叶又是多少呀?"雷姑娘颇不耐烦地说:"一棵大葱,葱白占20%,其余80%都是葱叶。"王保长掰着指头算了算,说:"葱白哪,1千克我给你7角钱。葱叶哪,1千克给你3角。7角加3角正好等于1元,行吗?"雷姑娘想了想,觉得王保长说得也有道理,就答应卖给他了。王保长笑了笑,开始算钱了,说:"100千克大葱,葱白占20%,就是20千克。葱白1千克7角钱,总共是14元;葱叶占80%,就是80千克,1千克3角钱,总共是24元。合在一起是38元。对不对?"雷姑娘算了半天,也没算出个数来,只好说:"你算对了就行。""我王保长从不蒙人!给你38元,数好啦!"王保长把钱递给了雷姑娘。雷姑娘卖完葱往家走,总觉得这钱好像少了点,可是少在哪儿呢?雷姑娘知道自己吃亏了。可是她不明白,自己是怎样吃的亏?

聪明的你,能不能给雷姑娘算算这笔账呢?

(2) 一个男子到一家手表店买了一块30元的手表,付出一张50元的钞票。店主找不出零钱,就到隔壁小店去兑票。零票兑来,付给顾客20元的找头,顾客就离去了。隔了一会,隔壁店主慌张地过来说,那张50元的钞票是伪钞,手表店的店主不得不赔了50元。事后,店主觉得很伤心。他算了一下找给顾客20元,又赔给隔壁的店主50元,一共损失了70元。是不是这么回事呢?

店主到底损失了多少?

 学以致用

(1) 一天,小熊刚摆好鱼摊,狐狸、黑狗和老狼就来了。小熊见有顾客光临,急忙招呼:"买鱼吗?我这鱼刚捕来的,新鲜着呢!"狐狸边翻弄着鱼边问:"这么新鲜的鱼,多少钱1千克?"小熊满脸堆笑:"便宜了,4元1千克。"

老狼摇摇头:"我老了,牙齿不行了,我只想买点鱼身。"小熊面露难色:"我把鱼身卖给你,鱼头、鱼尾卖给谁呢?"

狐狸甩甩尾巴道:"是呀,这剩下的谁也不愿意买,不过,狼大叔牙不好,也只能吃点鱼肉。这样吧,我和黑狗牙好,咱俩一个买鱼头,一个买鱼尾,不就既帮了狼大叔,又帮了你熊老弟了吗?"

　　小熊一听直拍手，但仍有点迟疑："好倒好，可价钱怎么定?"狐狸眼珠一转，答道："鱼身2元1千克，鱼头、鱼尾各1元1千克，不正好是4元1千克吗?"小熊在地上用小棍儿画了画，然后一拍大腿："好，就这么办!"

　　它们一齐动手，不一会儿就把鱼头、鱼尾、鱼身分好了，小熊一过秤，鱼身35千克70元;鱼头15千克15元，鱼尾10千克10元。老狼、狐狸和黑狗提着鱼，飞快地跑到林子里，把鱼头鱼身鱼尾配好，重新平分了……

　　小熊在回家的路上，边走边想:我60千克鱼按4元1千克应卖240元，可怎么现在只卖了95元……小熊怎么也理不出头绪来。你知道这是怎么一回事吗?

　　(2)一个狡猾的骗子到商店用一张100元面值的钞票买了9元的东西，店员找了他91元，这时他又说自己已有了零钱，给了9元而要回了自己原来的100元。那么，他总共骗了商店多少钱?

知识宝库

　　逻辑思维(Logical Thinking)是思维的一种高级形式，是指符合世间事物之间关系(合乎自然规律)的思维方式，我们所说的逻辑思维主要指遵循传统形式逻辑规则的思维方式。常称它为"抽象思维"或"闭上眼睛的思维"。逻辑思维是一种确定的、而不是模棱两可的，前后一贯的、而不是自相矛盾的，有条理、有根据的思维。在逻辑思维中，要用到概念、判断、推理等思维形式和比较、分析、综合、抽象、概括等方法，而掌握和运用这些思维形式和方法的程度，也就是逻辑思维的能力。

　　逻辑思维是人们在认识过程中借助于概念、判断、推理反映现实的过程。它与形象思维不同，是用科学的抽象概念、范畴揭示事物的本质，表达认识现实的结果。

　　其内涵是:要遵循逻辑规律，就是形式逻辑的同一律、辨盾律、排中律，辨证逻辑的对立统一、质量互变、否定之否定等规律，违背这些规律，思维就会发生偷换概念、偷换论题、自相矛盾、形而上学等逻辑错误，认识就是混乱和错误的。逻辑思维是分析性的，按部就班。逻辑思维时，每一步必须准确无误，否则无法得出正确的结论。

　　在逻辑思维中，是使用否定来堵死某些途径。比喻说，逻辑思维是在深挖一个洞，它就是为了把一个洞挖得更深的工具。

　　逻辑思维是人脑的一种理性活动，思维主体把感性认识阶段获得的对于事物认识的信息材料抽象成概念,运用概念进行判断,并按一定的逻辑关系进行推理,从而产生新的认识。逻辑思维具有规范、严密、确定和可重复的特点。

 小试牛刀

(1) 小芳和小明是两名农村孩子,星期天,她们各自在家拿了30个鸡蛋去赶集。临走时,小芳的爸爸关照说:"这30个蛋是挑选出的特大的,1元钱2只,共卖15元。"而小明的爸爸叮嘱说:"这些鸡蛋很小,1元钱3只,共卖10元钱。"

来到集市,小芳把鸡蛋给了小明,让她代卖。一个顾客问了价格后,买去了全部60个蛋,按每5个蛋2元计算共付了24元。

当小芳和小明分钱的时候,发现需要25元才够分,怎么会少了一元呢?你能帮着分析分析吗?

(2) 某公司为了推广自己的新产品"可心可乐",举行大型推广活动,每罐可乐3元,但3个易拉罐拉环可以换1罐可乐。有15名学生,他们的身边总共只有30元钱,但是却每人都喝到了一罐可乐。他们是如何做到这一点的?

(3) 有三人去投宿,一晚300元。三个人每人掏了100元凑够300元交给老板。后来老板说今天优惠只要250元就够了,并拿出50元命令服务生退还给他们。服务生偷偷藏了20元,然后把剩下的30元分给了那三个人,每人分到10元。这样,一开始每人掏了100元,现在又退回10元,也就是 $100 - 10 = 90$ 元,三个人共270元,加上服务生藏的20元,共计290元,还有10元哪里去了呢?

 趣味阅读

数字 0 的来历

大约1500年前,欧洲的数学家们是不知道用"0"的,他们使用罗马数字。罗马数字是用几个表示数的符号,按照一定规则,把它们组合起来表示不同的数目。在这种数字的运用里,不需要"0"这个数字。而在当时,罗马帝国有一位学者从印度记数法里发现了"0"这个符号。他发现,有了"0",进行数学运算方便极了,他非常高兴,还把印度人使用"0"的方法向大家作了介绍。过了一段时间,这件事被当时的罗马教皇知道了。当时是欧洲的中世纪,教会的势力非常大,罗马教皇的权利更是远远超过皇帝。教皇非常恼怒,他斥责说,神圣的数是上帝创造的,在上帝创造的数里没有"0"这个怪物,如今谁要把它给引进来,谁就是亵渎上帝!于是,教皇就下令,把这位学者抓了起来,并对他施加了酷刑,用夹子把他的十个手指头紧紧夹住,使他两手残废,让他再也不能握笔写字。就这样,"0"被那个愚昧、残忍的罗马教皇明令禁止了。虽然"0"被禁止使用,但罗马的数学家们还是不管禁令,在数学的研究中仍然秘密地使用"0",仍然用"0"作出了很多数学上的贡献。后来"0"终于在欧洲被广泛使用,而罗马数字却逐渐被淘汰了。

13.6 称次品问题

有的放矢

称次品这类问题属于最优化策略问题。要求学生通过观察、猜测、实验、推理等活动,体会解决称次品这类问题策略的多样性及运用优化的方法解决问题的有效性。让学生感受到数学在日常生活中的广泛应用,尝试用数学的方法来解决实际生活中的简单问题,初步培养学生的应用意识和解决实际问题的能力,培养学生的合作意识和探究兴趣。

案例赏析

(1)一家药店收到外地运来的某种药品十瓶。每瓶装药丸1000粒,每粒药丸的限定重量为100毫克。药剂师马克先生刚把药瓶放上货架,制药厂的一封电报接踵而至。

马克先生给药店经理玛丽露丝小姐念了这份电报:"特急!所发的药品经检查后方能出售。由于失误,有一瓶药丸每粒超重10毫克。请立即将份量有误的那瓶药退回。"马克先生很气恼:"倒霉极了,我只好从每瓶中取出1粒来称一下,真是胡闹。"马克先生刚要动手,玛丽露丝小姐挡住了他:"马克先生,请等一下,没有必要称十次。"

这有可能吗?把这瓶超重的药丸找出来,你最少称几次?

（2）在四个球中,有一个坏球的重量与其他的球不一样,也不知是比其他球轻还是重,如果你有一架天平（没有砝码,只能比较两边的轻重）,你能用最少的测量次数找出这个坏球吗?

学以致用

有 7 公斤、2 公斤的砝码和一架天平,只准使用三次天平,要求把 140 公斤的盐分成 90 公斤和 50 公斤。亲们,开动你们智慧的大脑来试试吧。

知识宝库

最优化原理:一个最优化策略具有这样的性质,不论过去状态和决策如何,对前面的决策所形成的状态而言,余下的诸决策必须构成最优策略。简而言之,一个最优化策略的子策略总是最优的。一个问题满足最优化原理又称其具有最优子结构性质。

最优化方法（也称为运筹学方法）是近几十年形成的,它主要运用数学方法研究各种系统的优化途径及方案,为决策者提供科学决策的依据。最优化方法的主要研究对象是各种有组织系统的管理问题及其生产经营活动。最优化方法的目的在于针对所研究的系统,求得一个合理运用人力、物力和财力的最佳方案,发挥和提高系统的效能及效益,最终达到系统的最优目标。实践表明,随着科学技术的日益进步和生产经营的日益发展,最优化方法已成为现代管理科学的重要理论基础和不可缺少的方法,被人们广泛地应用到公共管理、经济管理、国防等各个领域,发挥着越来越重要的作用。

小试牛刀

在 27 只球中有一只次品,这只次品外观上与正品毫无区别,只是略重一些。现在有一架天平,要把次品球找出来,至少要称几次?

趣味阅读

数学遗产最多的数学家 —— 欧拉

1707 年 4 月 15 日,欧拉出生于瑞士,他是一位伟大的数学天才,支配了整个 18 世纪的数学领域。他在数论、几何学、天文数学、微积分等好几个数学的分支领域都取得了出色的成就。他也是有史以来遗产最多的数学家,他的著作全集共计 75 卷。特别是在他生命的最后 17 年中,欧拉的双目完全失明,尽管如此,他还是以惊人的速度产出了生平一半的著作。

不过,这个大数学家在孩提时代却一点也不讨老师的喜欢,他是一个被学校除了名的小学生。

事情是由星星引起的。当时,小欧拉在一个教会学校里读书。有一次,他向老师提问:天上有多少颗星星。老师是个神学的信徒,他不知道天上究竟有多少颗星,圣经上也没有回答过。其实,天上的星星数不清,是无限的。我们的肉眼可见的星星也有几千颗。这个老师不懂装懂,回答欧拉说:"天上有多少颗星星,这无关紧要,只要知道天上的星星是上帝镶嵌上去的就够了。"

欧拉感到很奇怪:"天那么大,那么高,地上没有扶梯,上帝是怎么把星星一颗一颗镶嵌到天幕上的呢?上帝亲自把它们一颗一颗放上天幕,他为什么忘记了星星的数目呢?上帝会不会太粗心了呢?"

他向老师提出了心中的疑问,老师又一次被问住了,涨红了脸,不知如何回答才好。老师的心中顿时升起一股怒气,这不仅是因为一个才上学的孩子向老师问出了这样的问题,使老师下不了台,更主要的是,老师把上帝看得高于一切,小欧拉居然责怪上帝为什么没有记住星星的数目,言外之意是对万能的上帝提出了怀疑。在老师的心目中,这可是个严重的问题。

在欧拉的时代,对上帝是绝对不能怀疑的,人们只能做思想的奴隶,绝对不允许自由思考。小欧拉没有与教会、与上帝"保持一致",老师就让他离开学校回家。但是,在小欧拉心中,上帝神圣的光环消失了。他想,上帝是个窝囊废,他怎么连天上的星星也记不住?他又想,上帝是个独裁者,连提出问题都成了罪。他还想,上帝也许是个别人编造出来的家伙,根本就不存在。

回家后无事,他就帮助爸爸放羊,成了一个牧童。他一面放羊,一面读书。

后来,爸爸的羊渐渐增多了,达到了 100 只。原来的羊圈有点小了,爸爸决定建造一个新的羊圈。他用尺量出一块长方形的土地,长 40 米,宽 15 米,他一算,面积正好是 600 平方米,平均每一头羊占地 6 平方米。正打算动工的时候,他发现他准备好的材料只够围 100 米的篱笆,不够用。若要围成长 40 米,宽 15

米的羊圈,其周长将是 110 米(15＋15＋40＋40 ＝ 110)。父亲感到很为难,若要按原计划建造,就要再添 10 米长的材料;要是缩小面积,每头羊的面积就会小于 6 平方米。

欧拉却向父亲说,不用缩小羊圈,也不用担心每头羊的领地会小于原来的计划,他有办法。父亲不相信小欧拉会有办法,听了没有理他。小欧拉急了,大声说,只有稍稍移动一下羊圈的桩子就行了。父亲听了直摇头,心想:"世界上哪有这样便宜的事情?"但是,小欧拉却坚持说,他一定能两全齐美。父亲终于同意让儿子试试看。

小欧拉见父亲同意了,站起身来,跑到准备动工的羊圈旁。他以一个木桩为中心,将原来的 40 米边长截短,缩短到 25 米。父亲着急了,说:"那怎么成呢?那怎么成呢?这个羊圈太小了,太小了。"小欧拉也不回答,跑到另一条边上,将原来 15 米的边长延长,又增加了 10 米,变成了 25 米。经这样一改,原来计划中的羊圈变成了一个 25 米边长的正方形。然后,小欧拉很自信地对爸爸说:"现在,篱笆也够了,面积也够了。"

父亲照着小欧拉设计的羊圈扎上了篱笆,100 米长的篱笆真的够了,不多不少,全部用光。面积也足够了,而且还稍稍大了一些。父亲心里感到非常高兴。孩子比自己聪明,真会动脑筋,将来一定大有出息。

父亲感到,让这么聪明的孩子放羊实在是可惜了。后来,他想办法让小欧拉认识了一个大数学家伯努利。通过这位数学家的推荐,1720 年,小欧拉成了巴塞尔大学的大学生。这一年,小欧拉 13 岁,是这所大学最年轻的大学生。

13.7 巧妙过河问题

 **有的放矢**

如何安排自己的时间赢得最佳效果?这是我们每个人都要思考的问题。下面我们学习有关这方面的知识,它的灵活运用对我们在今后的生活中能够有很大的帮助。

 案例赏析

(1)尼可洛·塔尔塔利亚是 16 世纪意大利著名的数学家。他在 1535 年发现了一般三次方程的解,还写了《数和度量专论》,而且还是将欧几里德的《几何原本》翻译成现代西方语言的第一人。过河问题是他设计的一道很有名的数学趣题,也称为"塔尔塔利亚问题"。下面我们一起来看看这个有趣的问题吧。

一天,三对新婚夫妇来到河边,有一只小船可以乘着过河,但是一次只能载两人,而且必须要有一人划船。每个丈夫都嫉妒成性,随时要保护着他美丽的新娘,绝不让自己的新娘和其他的男子单独在一起。你能用什么策略可以让这三对夫妇顺利过河呢?

请你用最少的次数安排三对夫妇全部过河。

(2)A、B、C、D 4 个人需要过步行桥,去赶乘在不到 16 分钟的时间内即将开行的末班火车。但是有个问题,这桥只能同时负载两个人,因为有危险,过桥的人必须一直举着火炬,两个人走时要按较慢者的速度过桥,我们已知:A 能在 1 分钟过桥;B 能在 2 分钟过桥;C 能在 5 分钟过桥;D 很胆小,过桥需要 8 分钟。

他们只有一个火炬,火炬只能用手举,不可抛掷。如果 D 和 B 一同过桥,然后 D 举着火炬回到其他人身边,这样共需要 16 分钟,已经错过了最后的期限。4 个人如何能及时过桥并都赶上火车?

这是一道经典的运筹题目,聪明的你是否已经了解了运筹的精髓,能够合理安排这次惊险的过桥计划了呢?

 **学以致用**

有一次,三个侦察兵在徒步行进中必须过河到对岸,但没有桥,对他们来说,这是一件难办的事。这时,河上有两个孩子在划一只小船,他们想帮助侦察兵。可是,船太小了,只能承载一名侦察兵,如再加上一个孩子就会把小船弄沉。而三个侦察兵都不会游泳。看来,在这样的条件下,就只能有一名战士乘小船渡到对岸去。可事实却是,三名战士都很快地顺利到达了对岸,并把小船交还给了孩子们。他们是怎样做的呢?

 **小试牛刀**

(1) 有一个人要把狼、羊、白菜渡到河对岸。渡河时,船上只能允许主人带狼、羊、白菜三者之一,应该怎样安排渡河才能防止狼吃羊、羊吃白菜呢?

钩玄提要

运筹学主要研究经济活动和军事活动中能用数量来表达的有关策划、管理方面的问题。当然,随着客观实际的发展,运筹学的许多内容不但研究经济和军事活动,有些已经深入到日常生活当中去了。运筹学可以根据问题的要求,通过数学上的分析、运算,得出各种各样的结果,最后提出综合性的合理安排,以达到最好的效果。

运筹学作为一门用来解决实际问题的学科,在处理千差万别的各种问题时,一般有以下几个步骤:确定目标、制定方案、建立模型、制定解法。

虽然不大可能存在能处理及其广泛对象的运筹学,但是在运筹学的发展过程中还是形成了某些抽象模型,并能应用解决较广泛的实际问题。

（2）有一个探险家用 6 天的时间徒步横穿沙漠，如果一个人只能携带四天的食物和水，那么这个探险家至少要雇几个搬运工呢？

（3）三头牛和三只虎要渡到河对岸，渡口只有一条小船，每次只能运装两头过河，且不能空船回来，为了防止虎吃牛，在一边岸上及船上的牛的头数绝不能少于虎的数量。应该怎样渡河才能保证牛的安全且要求渡河次数最少？

 趣味阅读

几何之父 —— 欧几里德

欧几里得（约公元前 330 年—前 275 年），古希腊数学家，是几何学的奠基人，被称为"几何之父"。他最著名的著作《几何原本》是欧洲数学的基础。

欧几里德生于雅典，接受了希腊古典数学及各种科学文化，30 岁就成为有名的学者。应当时埃及国王的邀请，他客居亚历山大城，一边教学，一边从事研究。

古希腊的数学研究有着十分悠久的历史，曾经出版过一些几何学著作，但都是讨论某一方面的问题，内容不够系统。欧几里德汇集了前人的成果，采用前所未有的独特编写方式，先提出定义、公理、公设，然后由简到繁地证明了一系列定理，讨论了平面图形和立体图形，还讨论了整数、分数、比例，等等，终于完成了《几何原本》这部巨著。

欧几里德善于用简单的方法解决复杂的问题。他在人的身影与高正好相等的时刻，测量了金字塔影的长度，解决了当时无人能解的金字塔高度的大难题。他说："此时塔影的长度就是金字塔的高度。"

欧几里德是位温良敦厚的教育家。也是一位治学严谨的学者，他反对在做学问时投机取巧和追求名利，反对急功近利的作风。尽管欧几里德已经简化了几何学，国王（托勒密王）还是不理解，希望找一条学习几何的捷径。欧几里德说："在几何学里，大家只能走一条路，没有专为国王铺设的大道。"这句话成为千古传诵的学习箴言。一次，他的一个学生问他，学会几何学有什么好处？他幽默地对仆人说："给他三个钱币，因为他想从学习中获取实利。"

欧氏几里德还著有《已知数》、《图形的分割》等著作。

13.8　九宫数独问题

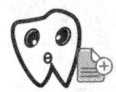

有的放矢

认识九宫格数独，了解九宫格数独的游戏规则及推理过程。通过各种推理，培养学生逻辑思维能力和具备全局观念。

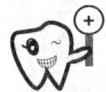

案例赏析

数独(Sudoku)一词源于日语，18 世纪末，瑞士大数学家欧拉发明了这个游戏，后在美国发展，并在日本得以发扬光大。数独是一种运用纸、笔进行演算的逻辑游戏。九宫数独是数独游戏中历史最悠久、流传最广泛的一种，玩家需要根据 9×9 盘面上的已知数字，推理出所有剩余空格的数字，并满足每一行、每一列、每一个粗线宫内的数字均含 1～9，不重复。每一道合格的数独谜题都有且仅有唯一答案，推理方法也以此为基础，任何无解或多解的题目都是不合格的。让我们一起进入游戏之旅吧。

请以图 13-1 所示的已经填入的数字为线索，按照上面介绍的游戏规则，填上剩余空格中的数字。

	8		7		1		6	
9			3		4			8
			9		5			
4	1	2				5	8	7
5	7	6				9	2	3
			4		9			
1			8		6			4
	4		5		2		9	

(a)

	1						3	
	5		9		6		8	
2		7	8		1	5		6
			4		2			
				1				
			7		8			
5		8	6		4	3		9
	6		3		7		5	
	4						7	

(b)

		8		1				9
6		1		9		3	2	
	4			3	7			5
	3	5			8	2		
		2	6	5		8		
		4			1	7	5	
5			3	4			8	
	9	7		8		5		6
1				6		9		

(c)

		3		6		8	7	
7			3		2			
1			8					2
	8			9		5	2	
4			2	5	7			1
	7	2		1			9	
8					4			6
			9		6			5
	6	5		3		2		

(d)

图 13-1　九宫数独游戏

钩玄提要

做题时先从已知数最多的横或竖或小方格做起，看这里可以填的是哪几个数，再一个一个地试(对比它的横或竖或小方格)。找到突破口是关键，这样可以解决初级的数独题。

如果是高级数独题，也基本是这样的思考方法，但在有的地方可能无法确定哪一个数是唯一的，就需要做一个假设。然后往下走，如果不发生矛盾，就成功了。如果发生了矛盾，就回到假设的地方，重新设另一个假设。再走下去。

另外，还有一个较好的方法就是从小九宫格入手，研究一组小九宫格，寻找出成对的数字，由此你可推出第三个。

一定要记住：每道题只有一种答案。

 **学以致用**

请参照数独游戏规则完成下列数独游戏。

9	5				4			8
2	4	6		7			5	9
7	8		6		9	2	3	4
8	6		7	1	3			2
3								7
1			9	4	2		8	3
5	9	8		2		6	7	1
4	1			8		3	9	6
6			4				2	5

		1	5		6	7	3	8
		7	8			2	4	1
4		8		7	1		5	
5	1	4		8	3		6	
7		9			4			3
	6		1	9		8	7	5
	4		9	2		3		6
3	6					8	5	
8	7	2	3			5	1	

 **知识宝库**

　　数独是一种运用纸、笔进行演算的逻辑游戏。玩家需要根据 9×9 盘面上的已知数字,推理出所有剩余空格的数字,并满足每一行、每一列、每一个粗线宫内的数字均含 $1 \sim 9$,不重复。每一道合格的数独谜题都有且仅有唯一答案,推理方法也以此为基础,任何无解或多解的题目都是不合格的。

　　20 世纪 70 年代,人们在美国纽约的一本益智杂志上发现了这个游戏,当时被称为填数字,这也是目前公认的数独最早的见报版本。1984 年,一位日本学者将其介绍到了日本,发表在一本游戏杂志上,当时起名为"*Suuji wa dokushin ni kagiru*",后来就改名为"*sudoku*",其中"*su*"是数字的意思,"*doku*"是单一的意思。这个名字也是国际上对数独的比较通用的叫法。后来,一位前任香港高等法院的新西兰籍法官高乐德(Wayne Gould)在 1997 年 3 月到日本东京旅游时,无意中发现了。他首先在英国的《泰晤士报》上发表,不久其他报纸也相继发表,很快便风靡全英国,之后他用了 6 年时间编写了电脑程式,并将它放在网站上(这个网站也就是著名的数独玩家论坛),后来因一些原因,网站被关闭,幸好数独大师 Glenn Fowler 恢复了数据,玩家论坛有了新处所。在 90 年代国内就有部分的益智类书籍开始刊登,南海出版社在 2005 年出版了《数独 1—2》,随后日本著名数独制题人西尾彻也的《数独挑战》也由辽宁教育出版社出版。《北京晚报》、《扬子晚报》、《羊城晚报》、《新民晚报》、《成都商报》等等报纸媒体也先后刊登了数独游戏。

 **小试牛刀**

7		1	4		8		3	
	4	3		6		8	5	
5	8	6	9	3		7		4
		5	3	8		4	9	2
	2						8	
8	3	4		2	9	1		
1		8		7	5	9	4	3
	5	2		9		6	7	
	7		8		6	5		1

		3	8					4
1	5		7		4	9	2	3
		5				6	7	
5	7		1	2	3	4	9	
2	1	9	8		5	3	7	6
	4	3	6	9	7		1	2
6	8			1				
7	9	1	2		8		4	5
4				5	6			

 趣味阅读

数学王子——高斯

卡尔·弗里德里希·高斯 1777 年生于不伦瑞克,1855 卒于哥廷根,是德国数学家、物理学家和天文学家、大地测量学家。近代数学奠基者之一,在历史上影响之大,可以和阿基米德、牛顿、欧拉并列,有"数学王子"之称。

高斯是一对普通夫妇的儿子。他的母亲是一个贫穷石匠的女儿,虽然十分聪明,但却没有接受过教育,近似于文盲。他的父亲曾作过园丁、工头、商人的助手和小保险公司的评估师。当高斯三岁时便能够纠正他父亲的借债账目的问题,已经成为一个轶事流传至今。

高斯用很短的时间计算出了小学老师布置的作业:求自然数 1 到 100 的求和。他所使用的方法是:对 50 对构造成和 101 的数列求和(1+100,2+99,3+98……),同时得到结果:5050。这一年,高斯 9 岁。

在成长过程中,幼年的高斯主要得力于母亲罗捷雅和舅舅弗利德里希的培养。弗利德里希富有智慧,为人热情而又聪明能干,投身于纺织贸易,颇有成就。他发现姐姐的儿子聪明伶俐,因此他就把一部分精力花在这位小天才身上,用生动活泼的方式开发高斯的智力。若干年后,已成年并成就显赫的高斯回想起舅舅为他所做的一切,深感对他成才之重要,他想到舅舅的思想,不无伤感地说,舅舅的去世使"我们失去了一位天才"。正是由于弗利德里希慧眼识英才,经常劝导姐夫让孩子向学者方面发展,才使得高斯没有成为园丁或者泥瓦匠。

1788 年,11 岁的高斯进入了文科学校,他在新的学校里,所有的功课都极好,特别是古典文学、数学尤为突出。经过巴特尔斯等人的引荐,布伦兹维克公爵召见了 14 岁的高斯。这位朴实、聪明但家境贫寒的孩子赢得了公爵的同情,公爵慷慨地提出愿意作高斯的资助人,让他继续学习。布伦兹维克公爵在高斯的成才过程中起了举足轻重的作用。不仅如此,这种作用实际上反映了欧洲近代科学发展的一种模式,表明在科学研究社会化以前,私人的资助是科学发展的重要推动因素之一。高斯正处于私人资助科学研究与科学研究社会化的转变时期。

高斯开辟了许多新的数学领域,从最抽象的代数数论到内蕴几何学,都留下了他的足迹。从研究风格、方法乃至所取得的具体成就方面,他都是 18—19 世纪之交的中坚人物。如果我们把 18 世纪的数学家想像为一系列的高山峻岭,那么最后一个令人肃然起敬的巅峰就是高斯;如果把 19 世纪的数学家想像为一条条江河,那么其源头就是高斯。

他在 11 岁时发现了二项式定理;17 岁时发明了二次互反律;18 岁时发明了正十七边形的尺规作图法,解决了两千多年来悬而未决的难题,他也视此为生平得意之作,还交待要把正十七边形刻在他的墓碑上。但后来他的墓碑上并没有刻上十七边形,而是十七角星,因为负责刻碑的雕刻家认为,正十七边形和圆太像了,大家一定分辨不出来。他发现了质数分布定理、算术平均、几何平均。21 岁大学毕业,22 岁时获博士学位。1804 年被选为英国皇家学会会员。从 1807 年到 1855 年逝世,一直担任格丁根大学教授兼格丁根天文台台长。

虽然高斯作为一个数学家而闻名于世,但这并不意味着他热爱教书。尽管如此,他还是有越来越多的学生成为有影响的数学家,如后来闻名于世的 Richard Dedekind 和黎曼。

参 考 文 献

［1］茆诗松.吕晓玲.数理统计学 ［M］.北京:中国人民大学出版社,2011.

［2］人民教育出版社,等.数学(B 版)［M］.北京:人民教育出版社,2004.

［3］段云鑫,高敬东,张润青,等.数学知识智力训练［M］.北京:地质出版社,
1982.